남편을 기증해도 되나요

제목 글씨는 문인화가 **석경 이원동**이 썼다.
석경은 대한민국 미술대전 대상 작가이며 스물여덟번의 작품전을 열었다.
현재 '석경서화원'을 운영하며 후진 양성에 힘쓰고 있다.

박물관장이 쓴 農박물지

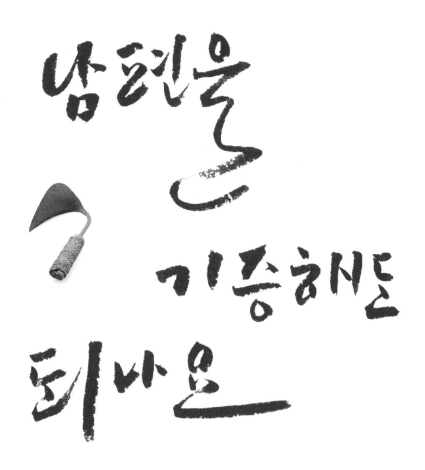

남태울을 기증해도 되나요

김재균 지음

다락방

박물관장이 쓴 農박물지

이 책은 농업박물관장으로 근무하면서 겪고 생각해온 것들을 기록 정리한 것이다. 흩어진 파편을 모으고 숨겨진 농업이야기를 찾아 정리한 일종의 농업박물지다. 평범하고 흔해서 보통 사람들이 그냥 지나쳐 버리는 여러 사물들을 농업박물관장의 시각으로 관찰하고 바라봤다. 경험과 기록을 그냥 묵혀두기는 아깝고 아쉬웠다. 나중에 후회할 것 같았다. 현장분위기를 최대한 살리려다 보니 지나친 감정 표현들이 많다. 조금 유치하고 부끄럽기도 하지만, 솔직해지고 싶었다.

이 글의 지향점은 '農'이다. 이른바 '기승전農'이다. 농업이 먹거리를 제공해 주는 생명산업시이라 그런지 주변에 농업이야기가 수없이 많았다. 이 글은 새로 지어낸 것이 아니라 숨어 있던 것을 밖으로 끄집어 낸 것이다. 본 대로 느낀 대로 정리했을 뿐이다. 농업박물관장만이 할 수 있고, 농업박물관만이라도 해야 하는 것을 이야기하고자 했다.

본문은 크게 세 종류로 나눌 수 있다. 첫째, 박물관과 농업에 대한 가볍고 흥미로운 이야기들을 묶었다. 쌀 박물관이 변해가는 모습과 별난 박물관 이야기들을 다양하게 풀어봤다. 농산물, 가축과 관련된 박물관에도 관심을 두었다. 농사 흔적을 찾아 옛 서울의 모습을 상상해 봤으며, 전국 구석구석에 스며있는 농기구 지명들을 찾았다. 국민 먹거리로 자리 잡은 소고기를 소 이야기와 함께 다뤘다. 휴양지와 어업지로만 알려진 섬을 찾아 섬에도 농사가 있다는 것을 알리려고 했다.

둘째, 박물관 전시를 통해 얻은 정보와 지식들을 정리하였다. 이색농기구, 보물이 된 농기구, 협동농기구, 속담 속 농기구 등 관람객들로부터 많은 사랑을 받은 전시들을 소개했다. 케케묵은 농기구도 주목받을 수 있다는 가능성을 보여 준 전시들이었다. 잘 알려지지는 않았지만 알고 보면 재미있는 농기구와 우리 농산물에 대한 이야기도 풀어봤다.

마지막은 17년간 박물관장으로서 겪은 다양한 경험담이다. 관장이 되는 과정, 자료 수집을 위해 전국을 다니면서 겪은 일화 등을 솔직하게 기술하려고 했다. 기증과정에서 일어나는 농민들의 미묘한 감정변화, 변덕스러움 등을 놓치지 않았다. 박물관을 찾는 관람객들은 화수분 같은 이야기 보따리였다. 이들을 문화인류학적 관점으로 관찰하여 다양한 문화적 요소를 발견하였다. 잊을 수 없는 황당 사건들도 많았는데, 지나고 나니 박물관장으로 겪은 소중한 경험이었다.

혹시나 글의 내용이 자신의 이야기라고 주장하며 사실관계를 따지려 들지 않기를 당부드린다. 흥미를 위해 미량의 양념과 조미료를 투여했

남편을 기증해도 되나요

음을 밝혀둔다. 부족한 글에 새롭게 추가할 정보를 제공하는 것은 환영한다.

　이 책이 나오기까지 많은 분들로부터 크고 작은 도움을 받았다. 먼저 이야깃거리를 제공해 준 많은 농민과 농업박물관 직원들에게 감사드린다. 사진과 자료를 제공해 글을 풍부하게 해준 분들에게도 감사를 표한다. 거친 글을 다듬어 주고 교정해 준 사람들에게 큰 신세를 졌다. 이 밖에 도움을 주신 분들은 많지만, 일일이 거명하지는 않겠다. 다만 평생을 후원해주시고, 큰 사랑을 베풀어주시는 아버지 김성희, 어머니 김홍녀, 두 분의 존함만은 길이 새기고 싶다.

2021년 12월

김재균

목차

목 차

1장

유물이 있는 곳이라면

쟁기와 세한도

●●● 평소 알고 지내던 분으로부터 한 통의
전화를 받았다. 멋진 쟁기가 있는 곳을 알려 줄 터니 수집해 보라는 것
이었다. 그러면서 '근데 그게 쉽진 않을 거요'라는 말을 덧붙였다. 이런
전화를 받으면 본능적으로 가슴이 뛴다. 망설일 것도 없이 다음날 바로
현장으로 갔다. 헤매고 헤맨 끝에 겨우 집을 찾을 수 있었다.

농촌의 집을 찾는 것이 쉬운 일은 아니다. 흙담으로 두른 굽은 고샅길
막다른 곳에 허름한 집이 있었다. 서로 인사를 건네고 쟁기가 있는 곳으
로 안내되었다. 쟁기는 오래전부터 사용하지 않는 것으로 보이는 재래
식 화장실 안쪽에 걸려 있었다. 화장실에는 악취가 진동했다. 그렇다고
코를 틀어막을 수도 없었다.

쟁기는 오랜 세월 방치되어서 그런지 먼지가 수북이 쌓여 있었다. 빗
자루로 먼지를 쓸어내니 어슴푸레 쟁기의 모습이 드러났다.

아! 감탄사가 절로 나왔다. 보통의 쟁기보다 두 배는 컸고 쟁기 날은 녹슬어 있었으나 웅장했다. 농기구라기보다는 차라리 예술작품 같았다. 고고학자의 발굴 감동이 이런 것일까.

연세가 80대인 주인께선 선친이 20살에 직접 만들어 1970년대까지 사용해 오던 것이라 했다. 세월을 따져 보니 약 100년쯤 되었다. 땅이 경사지고 돌이 많은 된비알밭을 가는데 썼던, 소 두 마리를 매여 사용했던 이른바 겨리쟁기였다.

겨리쟁기는 경기 북부와 강원도, 그리고 북한 지방에서 주로 사용했던 농기구이다. 기증이나 판매 의사를 슬쩍 떠보니 그럴 생각이 전혀 없다고 했다. 그 단호함이 너무나 날카로워서 더이상 기증의 '기'자도 꺼낼 수 없었다. 이유인즉, 선친께서 만들고 사용하던 것이라 자식인 본인은 보관할 의무만 있지 처분할 권리는 없다는 것이다. 듣고보니 지당한 말씀이었다.

겨리쟁기를 이용한 밭갈이

겨리쟁기질 모습이 그려진 농가월령도(농업박물관)

가문의 품격이 느껴졌다. 역시 '쉽진 않을 거요'라고 했던 지인의 말이 괜한 소리가 아니었구나 하는 생각이 들었다. 머리는 복잡해졌다. 이 상황을 어떻게 헤쳐 나가야 하나. 고민이 시작되었다. 완고한 어르신을 보니 조용하고 인내심 있는 작전이 필요할 것 같았다. 이런 경우 정성과 감동으로 천천히 접근하는 것이 좋다. '지성이면 감천'이라 하지 않았던가.

이런저런 생각을 하다 보니 '세한도'를 돌려받은 어느 서예가의 이야기가 떠올랐다. 조선 후기 학자 추사 김정희가 그린 '세한도'는 국보 제180호로, 변치않는 마음을 표현하고 있다. 최초 소장자인 이상적이 죽고 난 후 민씨 일가로 넘어갔다가 경성제국대학의 일본인 교수 후지스카의 손에 들어갔고, 후지스카는 해방 전 이 그림을 가지고 일본으로 돌아가 버렸다.

이 사실을 알게 된 서예가 손재형은 일본으로 건너가 매일 후지스카 집을 찾아가 세한도를 돌려줄 것을 간청하였다. 꿈쩍도 않던 후지스카는 손재형의 정성에 감동을 받고 두 달 만에 아무런 대가도 요구하지 않고 돌려준 것이다.

손재형의 끈질긴 노력으로 되돌려 받은 '세한도'를 생각하니 용기가 생겼다. 이른바 '세한도 정신'으로 도전해 보기로 했다. 이후 비록 매일은 아니지만 수시로 전화로 문안 인사를 드렸고 가끔은 찾아뵙기도 했다.

물론 이때도 기증의 '기'자도 꺼내지 않았다. 그냥 쟁기는 잘 있느냐고 슬그머니 물어보기만 했다. 열 번 찍어 안 넘어가는 나무 없고, 낙숫물이 바위를 뚫는다고 하지 않았던가. 이후 5년여가 흐르고 차가운 바람이 불던 어느 날, 따뜻한 목소리로 그냥 가져가라는 연락이 왔다.

후지스카의 두 달보다는 긴 세월이었지만 나무가 넘어가고 바위가 뚫린 셈이다. 이렇게 해서 그 멋진 쟁기를 가지러 가게 되었다. 냄새를

세한도 전시(2020, 국립중앙박물관)

걱정하며 재래식 화장실 문을 열었다. 그런데 신기하게도 이번에는 화장실 냄새를 느끼지 못했다. 냄새도 기분에 따라 달라지는가 보다.

조심스레 쟁기를 꺼내려는데 안쪽에 전에 보지 못했던 써레가 역시 먼지를 뒤집어 쓴 채 몰라봐서 서운하다는 듯이 걸려 있었다. 견물생심이라고 했던가.

마음을 진정시키고 나름 자연스런 목소리로, 아니 그냥 지나가는 목소리로 '싣는 김에 이것도 같이 싣죠?'라고 슬쩍 말했다. 예상한 대로 만만한 분이 아니었다. '욕심도 많으셔'하면서 그냥 쟁기만 가져가라고 했다. 역시 단호하게.

나는 자칫하면 쟁기도 못 가져올 수 있겠다는 생각이 들었다. 게도 구럭도 모두 잃을 순 없는 법, 정신을 가다듬고 재빨리 쟁기를 실었다. 나의 '쟁기수집작전'은 이렇게 끝이 났다. 당초 약 10년쯤 예상했었는데 5년여 만에 거둔 결실이었다. 비록 손재형의 노력에는 택도 없지만 나의 정성으로 얻어낸 성과였다.

손재형의 세한도와 나의 쟁기. 다소 무례한 비교임을 알지만 그 과정이 비슷해 소개했을 뿐 다른 뜻은 없다. 1974년 국보 제180호로 지정된

쟁기가 걸려있던 화장실 주변

세한도는 국립중앙박물관에 소장돼 있고 2020년 손창근 옹이 기증, 쟁기
는 농업박물관이 2013년 '농업보물 제1호'로 지정하여 극진히 관리하
고 있다.

　나는 언젠가 이 쟁기가 국보로 지정될 날이 올지도 모른다는 즐거운
상상을 한다. 세한도와 쟁기. 따지고 보면 주인을 제대로 만난 것이요, 있
어야 할 곳에 있게 된 것이다. 그래서 각물유주各物有主라 하지 않던가.

아찔한 귤나무 수송

●●● 감귤 전시를 준비하면서 서울 한복판에서 귤이 주렁주렁 달린 귤나무를 전시하면 좋겠다는 생각이 들었다. 전시는 유물만 하는 것이 아니라 살아있는 나무도 할 수 있다는 파격을 시도하고 싶었다.

우선 감귤 재배 농가를 파악하고 이들과 접촉을 시도하였다. 그러다가 전남 고흥에 감귤 재배 농가가 있다는 것을 알게 되었다. 전화를 하니 농부는 60여 년 전에 제주도에서 묘목을 가져와 감귤나무를 심었다고 했다. 고흥이 제주도와 가까워 감귤 재배가 가능할 것이라고 생각한 것이다. 그 당시만 해도 제주도가 아닌 뭍에서는 감귤 재배가 불가능할 것이라고 여기는 분위기였단다.

첫 시도가 다 그렇듯이 그의 감귤 재배 시도도 처음엔 비웃음거리였다. 그러나 몇 번의 실패 끝에 결국 재배에 성공했고 이후 매년 면적을 넓혀 갔다. 이런 감동의 스토리를 들으니 고흥 귤나무를 꼭 전시해야겠다는 욕심이 더욱 강하게 생겼다.

취지를 설명하고 귤나무를 기증해 줄 수 있냐고 정중히 여쭈었다. 간절함이 통했는지, 흔쾌히 주겠다고 했다. 나는 한술 더 떠 이왕이면 귤이 많이 열려 있는 나무로 달라고 했다. 망설임 없이 그러겠다고 했다. 시원시원하게 원하는 대로 해주는 것이 너무도 고마웠고 한편으로는 미안하기도 했다.

칼바람이 부는 겨울, 고흥으로 향했다. 귤나무는 승용차에 충분히 실을 수 있을 것이라고 했다. 서울서 네 시간을 달려 농가 인근에 있는 시장에 도착하여 귤나무를 담을 화분과 비료, 노끈을 샀다. 오후 4시쯤 농가에 도착했다. 겨울철이고 산비탈이라서 그런지 벌써 저녁 기운이 감돌았다. 농부와 나는 삽과 곡괭이를 어깨에 메고 씩씩하게 감귤밭 맨 꼭

귤나무 캐는 모습

남편을 기증해도 되나요

대기로 올라갔다.

야산 언덕이었지만 경사가 가팔라 숨이 찼다. 귤나무를 캐기도 전에 벌써 힘이 빠졌다. 숨을 헉헉대며 뒤를 돌아보니 황홀한 광경이 펼쳐졌다. 왼쪽으로는 바다가 보였는데 뉘엿뉘엿 지는 석양이 바다를 붉게 물들이고 있었다.

앞쪽으로는 수확을 끝낸 한가로운 논이 산과 어우러져 멋진 풍경을 만들고 있었다. 산과 바다, 그리고 들판, 그야말로 환상의 조합이었다. 동행한 농부에게 경치가 최고라고 하자 자신은 매일 봐서 그런지 잘 모르겠다고 했다.

귤밭에 들어서자 노란 감귤이 달려 있는 나무가 여러 그루 있었고 농부는 감귤이 주렁주렁 달린 세 그루를 가리키면서 이 중에서 한 그루를 고르라고 했다. 내가 나무 모양이 예쁘고 크기가 적당한 나무를 가리키자 그는 망설임 없이 곡괭이질을 시작했다. 나도 덩달아 삽을 들었다.

돌이 많고 뿌리가 깊어 캐기가 쉽지 않았다. 이마에 땀이 맺히기 시작했다. 한 시간여를 씨름한 끝에 힘겹게 나무를 들어올릴 수 있었다. 화분에 옮겨 흙과 비료를 부었다. 물도 흠뻑 주었다. 그래야 뿌리가 마르지 않고 잘 산다고 했다.

문제는 승용차에 싣는 것이었다. 앞 좌석을 뒤로 밀어 최대한 공간을 확보한 후 억지로 쑤셔 넣었다. 가지를 구부리고 화분을 비스듬히 하니 겨우 들어갔다. 이 과정에서 여러 개의 귤이 떨어졌다.

시동을 걸자 농부가 '김형이 우리 귤나무를 서울 구경도 시켜주고 많은 사람에게 보여주니, 김형은 올해 거금이 들어올거요'하면서 오히려 고마워했다. 물론 나도 그렇게 되길 기대하며 인사를 하고 출발했다.

그런데 심각한 문제가 발생했다. 조수석 사이드미러가 가지에 가려

승용차에 실린 귤나무

바깥 물체를 제대로 볼 수가 없었다. 고속도로를 달려야 하는데 걱정이 되었다. 하지만 어쩔 도리가 없었다. 날은 어둑어둑하고 갈 길은 멀고 앞이 캄캄했다. 고속도로를 달리는데 차선 변경을 거의 할 수가 없었다.

평소엔 사이드미러가 이렇게 중요한지 몰랐다. 고속도로인데 저속으로 달리다 보니 뒤차들이 경적을 울리고 상향등을 켜는 등 불만과 항의성 신호를 보내오기도 했다. 그럴때마다 나는 이 차에 엄청 귀한 물건이 있다고 알려 주고 싶었으나 그럴 방법이 없었다. 하기야 그렇게 한들 귤나무의 가치를 누가 알아주겠는가. 어쨌든 무사히 도착했다. 그런데 주차 도중 잠시 방심한 탓인지 그만 다른 차와 경미한 접촉사고를 내고 말았다.

사이드미러가 잘 안보여 난 사고였다. 오직 좋은 전시를 해보겠다는 욕심에서 생긴 일이었지만 돌이켜 보니 아찔하였다. 전시냐, 목숨이냐. 뭣이 중헌디? 조금은 무모한 시도였던 것 같다.

천리 길을 달려온 귤나무는 전시장의 명물이 되어 인기를 한 몸에 받았다. 감귤을 배경으로 사진도 찍고 신기한 듯 발길을 멈추는 사람들이 많았다. 한겨울 도심 속에서 노란 감귤이 주렁주렁 달려 있는 귤나무가 주는 신선함은 대단했다.

그런데 자연현상인지, 인위적 현상인지 전시가 진행될수록 달려 있는 감귤의 갯수가 계속 줄어들었다. 하지만 굳이 CCTV를 확인해 보고 싶지는 않았다. 전시가 끝난 후 이 귤나무는 남쪽 지방의 어느 과수 농가에 전달해 계속 관리되고 있다. 몇 년이 지난 지금, 스트레스 안 받고 잘 자라는지 궁금하다.

전시된 감귤나무

만리재

••• 서울역 뒤 만리동2가에서 마포 공덕동 쪽으로 넘어가는 고개가 만리재다. 이곳에 조선시대 학자 최만리가 살았다 해서 붙여진 이름이다. 작은 고개인 아현동 쪽의 애오개와 대칭해서 큰 고개라고 부르기도 했다. 지금은 재개발이 돼 대단위 아파트단지가 들어섰지만 그 전까진 다가구, 다세대주택들이 밀집해 있었다.

2010년대 초반 재개발이 확정되고 철거가 시작될 무렵, 이 동네 토박이라는 사람으로부터 연락이 왔다. 자신의 집이 곧 철거되니 쓸 만한 물건이 있으면 가져가라는 것이었다. 부리나케 현장을 가보니 주민들 대다수는 이미 이주한 상태였다. 빈 집들을 둘러보니 내부에는 주인 없는 물건들이 나뒹굴고 있었다.

고맙게도 일부러 박물관에 연락을 한 사람은 60대쯤으로 보이는 남성이었다. 후덕한 인상이었다. '어떻게 알고 연락했습니까'라고 물으니

재개발 이전의 만리재 골목길

농업박물관이 근처에 있어서 오래전부터 알고 있었다고 했다.

대문은 양쪽으로 여닫는 나무문이었고 대문 위쪽에 '만리재로 31가
길 17-6'이라고 적힌 주소판이 붙어있었다. 대문을 열자 좁은 마당이
나왔고 방 세 개가 있는 한옥 주택이 있었다. 그야말로 옛날식 단독주택
이었다.

마루와 세 개의 기둥이 있었고 기둥에는 한자로 된 주련이 걸려 있었
지만 내용은 알 수 없었다. 사찰이나 고궁 기둥의 주련은 봤는데 민가주
택의 주련은 드문 경우다. 왠지 집주인이 공부를 많이 한 학자일 거라는
생각도 들었다.

최만리 선생의 후손인가 하고 혼자 궁금도 했지만 물어보지는 않았
다. 이 분의 인품이나 집안의 분위기로 보아 평범한 가문은 아닌 것 같
았다. 소위 클라스가 달랐다. 그래 맞아. 괜히 전화한 분이 아닐 것이야

철거 전 장독대에 있는 독

하며 공경한 생각을 했다.

마루에 올라 안방을 둘러보려는데 이마가 따끔거렸다. 손으로 만지니 피가 묻어났다. 들어올 때 방문 위쪽의 뾰족한 무엇에 찔린 것 같았다. 주인이 알면 미안해할까 봐 아픈 척은 안 했다.

마당 쪽을 보니 담장과 붙어있는 곳에 손바닥만 한 장독대가 있었다. 간장과 된장을 담았을 것으로 보이는 장독 두 개가 뚜껑도 없이 덩그러니 놓여 있었다. 그 옆에는 앙증맞은 작은 단지도 하나 있었는데 간장을 담았었다고 주인장이 말해 주었다. 크기가 작아서 그런지 상처 없이 온전한 상태였다.

장독대 담벼락에는 철망이 절반은 망가진 어레미가 걸려 있었고, 마루에는 나무로 만든 쌀뒤주가 모서리에 아슬아슬하게 놓여 있었다. 그런데 아무리 둘러봐도 농기구는 보이지 않았다. '그렇지. 서울 한복판에 농사 도구들이 있을 리가 없지'라며 주변을 살폈다.

가재도구들을 보고 있노라니 별생각이 다 들었다. 가족과 오순도순

밥 먹는 장면이 떠올랐고 함께 뛰어놀았을 마당과 골목길을 보노라니 재개발의 아픔이 느껴졌다. 아련한 추억을 뒤로 하고 어디론가 떠났을 사람들을 생각하니 서운한 마음이 들었다.

골목으로 나와 주변을 보니 거의 모든 집이 비워져 있는 듯했고 깨진 유리와 부서진 벽돌, 버려진 살림살이들이 아무렇게나 놓여 있었다. 가랑비까지 내려 분위기는 음산하였다. 정신을 차려 가져갈 물건을 선별하여 자동차에 실었다. 그런데 쌀뒤주를 들다가 모서리에 바지가 걸려 조금 찢어졌다. 찢어진 바지 틈으로 무릎이 보였다.

셔츠는 땀으로 범벅이 됐는데 담벼락에 부딪쳐 생긴 얼룩으로 못 입게 되었다. 이마가 긁히고, 바지는 찢어지고, 땀으로 범벅이 되었어도 마음만은 뿌듯한 하루였다.

지금의 만리재 모습

발동기와 보리밭

●●● 농업박물관의 소장 유물 대부분은 농민들이 무료로 기증한 것들이다. 그래서 항상 자발성에 대한 보답을 고민한다. 유물의 가치나 농민의 상황 등을 고려해 다양한 방법으로 보상을 해 준다. 살림에 보탬이 되는 생필품을 드리기도 하고 음식을 대접하기도 하는데, 방법은 그때그때 다르다. 물론 어느 것이든 숭고한 기증정신에 비해서는 택도 없지만 어떻게든 신경은 쓴다.

진달래가 만발한 어느 봄날. 따뜻한 남쪽 지방 농민이 오래된 발동기를 기증하겠다고 연락이 왔다. 기름통이 온전히 붙어있는 완벽한 발동기라고 골백번 강조를 하였다. 이럴 땐 망설이면 손해본다는 것을 잘 안다. 물들어올 때 노 저어라. 비올 때 물꼬 보라. 쇠뿔도 단김에 빼라. 이런 말들이 순간 머리속을 스쳤다.

이튿날 그 농가로 달려갔다. 허허벌판에 농가 한 채만 있는 독가촌이

남편을 기증해도 되나요

• 발동기

었다. 집 주위로는 농경지가 삥 둘러싸고 있었고 마늘, 양파, 보리 등이
심겨 있었다. 그야말로 '저 푸른 초원 위에 그림 같은 집'이었다. 50대의
기증자는 서비스업에 종사하는 직장인이었고 그 집에는 70대의 어머니
가 홀로 살고 있었다. 발동기는 허름한 집 마당 한 귀퉁이에 보온용 덮
개로 덮여 있었다.

덮개를 걷어내니 그냥 기름통 없는 보통의 발동기가 나왔다. 당초 얘
기한 것과 다르지 않으냐고 물었다. 그러자 그이는 빙그레 웃으면서 말
없이 안방으로 들어가더니 신문지 뭉치를 들고 나왔다. 뭉치 속에 그 기
름통이 들어 있었다.

기증자는 발동기 기름통은 외부 위쪽에 돌출돼 있어 옮기거나 보관
할 때 파손될 가능성이 높아서 사용하지 않을 때는 반드시 따로 분리해
서 보관해야 한다고 했다. 그가 뭉치에서 기름통을 꺼내 발동기 본래 위

밭매기

치에 꽂으니 비로소 발동기 태가 났다. 소장자의 꼼꼼한 성격 덕택에 완벽한 발동기를 수집할 수 있었다. 참으로 감사했다.

기증자에게 조그마한 성의를 표하고 떠나려니 미안하기도 하고 마음도 영 개운치가 않았다. 기증자는 더 이상의 보답을 완강히 사양했지만 서울로 올라오는 내내 마음 한구석이 찜찜했다. 그러다가 몇 달이 지나고 다른 업무 등으로 서서히 잊혀질 무렵, 양파 가격이 폭락하여 농가들이 어려움을 겪고 있다는 기사를 보았다.

문득 발동기 기증자의 뒤뜰에 심어진 양파가 생각났다. 그 농가를 다시 찾아 뭔가 도움되는 일을 해야겠다는 생각이 들었다. 이렇게 해서 박물관 직원들은 기증농가 일손 돕기 행사를 하게 되었다. 집안을 청소하고 마당을 쓸고 집주변을 깨끗이 했다. 이어 밭으로 가 호미질도 하며 풀도 뽑고 물도 줬다.

진심이 담긴 우리들의 이런 행동이 고마웠는지 기증자는 그 후로도 무슨 물건만 생기면 연락을 해왔다. 심지어 흔히 보는 숟가락, 밥상도 가져가라고 했다. 역시 고객에게는 만족을 넘어 진심으로 감동하게 만드는 것이 최고라는 것을 실감했다.

봄이 되면 가끔 그 집이 생각난다. 바람에 넘실대는 보리밭도 그리워진다. 그리고 그 보리밭 사잇길을 걸으면서 저녁놀 빈 하늘을 맘껏 바라보고 싶다.

오래된 구유

●●●　세상 물건이 눈독을 들인다고 다 내 것이 되는 것은 아니며 정성을 쏟는다고 얻어지는 것도 아니다. 노련한 강태공이 다 낚은 고기를 놓치기도 하고 명사수가 코앞의 표적물을 놓치기도 하듯이 오랜 수집 경험이 있어도 잘 안 되는 경우가 있다.

뜻한 대로 다 된다면야 얼마나 좋겠는가마는 유물 기증을 설득하는 일은 그리 간단치 않다. 그도 그럴 것이 동물과 머리싸움 하는 것이 아니라 오묘한 감정의 변화가 있는 인간과 상대하는 일이기 때문이다. 순수한 마음으로 선뜻 기증한다면야 더할 나위 없이 좋겠지만 흥정과 협상을 해야 할 때도 있다.

사방 천지가 누렇게 물든 가을날. 강원도 산골 화전민 농가를 찾게 되었다. 어쩌면 대한민국에서는 제일 좋은 구유일지도 모를, 기가 막힌 '구유'가 있다는 정보를 입수한 것이다.

구유는 소 여물통, 곧 소 밥통을 말한다. 위치는 강원도 하고도 첩첩 산중 외딴 농가. 큰 도로에서 벗어나 한참을 들어가야 했다. 가도 가도 농가는 나오지 않았고 보이는 건 오로지 산과 계곡이었다. 개울도 건너고 고개도 넘었다. 그야말로 산 넘고 물 건너.

이런 궁벽진 곳에도 사람이 살다니 인간의 힘이 위대하다는 것을 실감했다. 세계 경제 강국 10위권의 대한민국에 아직도 이런 곳이 있다니 그저 놀라울 따름이었다.

포장도로가 끝나고 비포장도로가 나왔다. 이제부터는 달리는 것이 아니라 굴러간다는 표현이 맞았다. 인력거보다 조금 빠른 속도랄까. 드디어 막다른 길에 다다랐고 거기에 곧 무너질 것 같은 오두막 한 채가 있었다. 집 뒤에는 비탈진 밭이 있었고 앞으로는 실개천이 흐르고 있었다.

사방은 온통 산이었고 굴뚝에선 연기가 피어오르고 있었다. 집 앞엔 전봇대가 있었고 방에선 TV소리가 났다. 구유는 지금은 쓰이지 않는 외양간에 그대로 있었다.

소여물이 들어있어야 할 곳엔 온갖 잡동사니들로 가득 차 있었다. 소세 마리 정두가 한꺼번에 먹을 정도로 매우 컸으며 상태도 아주 좋았다. 역시 입수한 정보대로 최고의 구유였다. 집 내부를 구석구석 살펴보니 구유뿐만 아니라 산간지대 농사에 쓰였던 다양한 도구들이 천장과 기둥에 걸려 있었다.

산골농가에 걸려있는 농기구들

옛 농사 도구를 보관해 둔 일종의 보물창고 같았다. 이 자체가 하나의 산골박물관이었다. 주인장은 나의 의도를 눈치챘는지 내가 기증을 유도하는 말을 꺼내려 하자 자꾸 화제를 돌렸다. 나의 기본적인 질문에는 코대답으로 응수하며 애써 외면하려고 했다. 심지어 집에서 나를 억지로 밖으로 데리고 나오기도 했다. 그래도 내가 집요하게 기증 관련 얘기를 하자 빙그레 웃기만 하고 먼 산만 바라봤다.

나중에 안 사실이지만 이곳이 대한민국 최고 오지이다 보니 산골 농사에 쓰였던 희귀한 물건들이 있는 곳으로 알려지게 된 것이다. 자연스레 언론들이 다루기 시작했고, 인적이라곤 없던 이곳에 많은 사람이 몰려들자 주인장은 신이 났고, 또 앞으로 이 물건들이 돈이 될지도 모른다는 생각을 하게 된 것이다.

남편을 기증해도 되나요

그래서 기증보다는 여기 그냥 두는 것이 더 돈이 될 것이라 여긴 것이다. 그런데 설령 기증하겠다 해도 보통 문제가 아니었다. 물건들을 어떻게 옮길 것이며, 구유를 어떻게 꺼낼 것인가. 어디 그뿐인가. 운송차가 비포장길 끝나는 데까지만 올 수 있는데 거기까지는 누가 옮길 것인가.

이런 생각을 하니 기증 안 하겠다는 그분이 오히려 고맙게 느껴졌다. 하지만 지금이라도 기증이나 매각을 원한다면 만사 제쳐두고 달려가겠다는 생각에는 변함이 없다. 그리고 일단 침은 발라 놨으니 반은 내 것이다.

외양간 사람들

●●● 세상에는 많은 모임이 있지만, 같은 해에 태어난 사람들끼리 만나는 모임이 있다. 일종의 '동갑회'라고 할 수 있다. 동갑 모임이지만 가입할 때 나이를 묻거나 따지지도 않는다. 확인도 안한다. 그냥 본인이 그렇다고 하면 그만이다. 그래서 누구나 가입할 수 있지만 아무나 가입하지는 않는다.

이들은 일 년에 서너 번 모임을 갖는데, 나도 몇 번 참석을 했었다. 전국 각 지역에서 많은 사람이 모이는 터라 혹시 농업유물에 대한 정보라도 얻어 볼 요량이었다.

내가 이 모임에 처음으로 참석해서 놀란 것은 모두 반말을 한다는 것이었다. 모두가 반말족이었다. 초면인데도 거리낌없이 반말을 하는 것이다. 아무리 동갑이지만 새파란 청년도 아니고 머리가 희끗희끗한 초로의 중늙은이들이 만나자마자 반말을 한다는 것이 뜨악했다.

남편을 기증해도 되나요

　그러나 어쩌랴. 소통을 하려면 적응할 수밖에. 그런데 그 어색함도 시간이 지나니 자연스레 옅어졌고 신기하게도 반말이 편하기까지 했다. 이들은 새로운 회원이 들어올 때마다 자기 소개를 시키는데 무심코 존댓말을 했다가는 혼줄이 난다. 야유와 조롱을 하며 다시 하라고 호통을 치고 반말로 할 때까지 계속 시킨다.

　두 번째로 참석하게 되었을 때는 나도 자연스레 반말을 했다. 그런데 두 번째 만남에서 뭔가 그들만의 독특한 모습들이 눈에 들어오기 시작했다. 이들은 모두 소띠였는데, 소와 관련된 용어를 많이 쓰고 있었다. 호칭도 3인칭으로 남자는 황소, 여자는 암소라 했다. 언뜻 보니 외모도 소를 닮아 있는 것 같기도 했다.

　머리에 뿔은 없었지만, 남자들 얼굴엔 유난히 털이 많은 것 같기도 했다. 건배 구호도 '외양간'하면 '음메'라고 외쳤다. 이들은 소를 동족으로 여기고 있는지 소고기는 잘 안 먹고 돼지고기나 닭고기를 좋아하는 것 같았다. 돈이 없어서인지, 아니면 다른 이유가 있어서인지는 모르겠으

외양간 순례용 깃발

나 물어보지는 않았다.

　또 어찌어찌하여 세 번째로 참석한 그 날은 1박 2일 일정으로 10여 명이 한방에서 자야 하는 일정이었다. 저녁을 먹고 나서 유흥으로 시간을 보내게 되었는데, 이들은 가는 세월이 아쉬웠는지 이 땅의 트로트는 죄다 불러 대면서 갈 때까지 가보겠다는 기세로 새벽까지 유흥을 계속했다.

　나는 피곤도 하고 유흥에는 큰 흥미도 없어 그곳을 빠져나와 숙소로 갔다. 방에는 아무도 없었다. 가장 편하게 잘 수 있는 위치에 침구를 펴고 잠을 청했다. 얼마를 잤을까. 무슨 동물 울음 같은 소리에 잠이 흐릿하게 깨었다. 방은 어두웠고 몇 명이 자는지 도무지 알 수도 없었다.

　여기저기서 코 고는 소리가 요란하게 들렸다. 여러 명이 있는 것 같았다. 바로 옆에서는 엄청 큰 소리가 났는데, 너무 시끄러워 입에 부리망 농작물을 뜯어 먹지 못하도록 소 입에 씌우는 것, 일종의 소마스크이라도 씌어

주고 싶었다. 그 소리는 우렁차고 웅장했으며 약간의 격조가 있는 듯했다. 황소 울음소리 같기도 했는데, 분명 암소 울음소리는 아니었다.

이들이 모두 소띠라 '코골이도 소 울음소리로 하는구나'라고 생각하니 헛웃음이 나오려고 했다. 숨을 들이킬 때마다 콧구멍을 둘러싸고 있는 모든 근육이 움직이는 것 같았고 내쉴 때는 한숨소리와 뒤섞여 한탄조의 알지 못할 말들이 섞여 나왔다. 그것도 반복해서 들으니 무슨 음률이 있는 것 같기도 했다.

잔 듯 깬 듯한 상태였지만 어느새 나도 모르게 그 음률의 리듬을 타게되었다. 리듬을 타면서 잠도 서서히 깨기 시작했다. 어차피 계속 잠자기는 틀렸다고 생각했다. 얼마를 지났을까. 슬며시 옆 사람이 궁금해지기시작했다. 누굴까, 도대체 어떻게 생겼을까.

콧소리의 울림으로 봐서는 6척 장신에 100kg은 넘는 거구일 것이라생각되었다. 또한 목은 황소 목처럼 굵을 것이고 얼굴은 시커멓고 털이많을 거라고 상상했다. 이렇게 생긴 사람들이 주로 코골이를 심하게 한다는 것을 경험으로 알고 있었다. 혹 머리에는 황소처럼 두 개의 뿔이솟아 있을지도 모른다는 데까지 상상이 미치자 궁금해서 견딜 수가 없었다.

이미 밖은 희미하게 밝아오기 시작했다. 몸을 돌려 소리 난 쪽을 봤다. 그런데 아뿔싸. 거기엔 깡마른 노인이 황소 무늬 비슷한 얼룩 팬티를 입고 웅크린 채 여전히 황소울음을 토해내고 있었다. '태산명동서일필'이라 했던가. 가까이 다가가 얼굴을 보니 눈가엔 주름이 자글자글했고 턱에는 흰수염이 듬성듬성 솟아나 있었다.

얼마를 지나고 나서 그도 나의 시선을 느꼈는지 잠에서 깨어났다. 황소 눈을 하고 하품을 하는데, 그 표정에서는 천진난만한 귀여움이 묻어

났다. 느린 소도 성낼 때가 있다더니 천사의 얼굴에서 황소 소리가 나온 것이다. 외모와 코골이는 아무런 상관관계가 없다는 것을 실증한 사례였다. 응답하라! 1961년생 소띠들.

남편을 기증해도 되나요

기차화통 할아버지

●●● 우연히 농기구를 많이 소장하고 있는 사람을 알게 되었다. 우여곡절 끝에 만난 이 사람은 70대 외모에 조금은 어리숙해 보였고 말을 많이 하였다. 목소리 또한 기차 화통 삶아 먹은 것처럼 크고 시끄러웠다. 나를 보자마자 다짜고짜 비닐하우스 안으로 데려가더니 아무렇게나 놓여 있는 물건들을 보여주기 시작했다. 그런데 그 물건 중에 예사롭지 않은 것들이 많았다.

농기구뿐 아니라 잡지, 신문, 서적, 기념품, 행사물품 등 시대와 장르를 초월한 온갖 잡동사니들이 망라돼 있었다. 특히 정미소를 통째로 구입하여 그 안에 있는 물건들을 모조리 모아놓은 것이 눈길을 끌었다. 왜 이렇게 많이 모으셨냐고 물으니 그는 평생의 꿈이 박물관 하나 지어 운영해 보는 것이라고 했다.

물건들을 보니 박물관을 열고도 남을 엄청난 양이었다. 마음속으로

이 분의 평생소원이 꼭 이루어지길 빌었다. 그는 자신이 직접 현장에 가서 수집한 것이라며 물건 하나하나를 자세하게 설명해 주었다. 말이 설명이지 자랑 반 허풍 반이었다.

농기구에 대해서도 내가 농업박물관 관장이란 것을 잊었는지 초심자를 대하듯 장황하게 설명해서 지루하기도 했다. 그래도 잘 들어주는 것이 예의이기에 묵묵히 듣고만 있었다. 그동안 자랑하지 못해 안달이 난 듯했다. 그래서 나를 보자 물 만난 고기처럼 신바람이 난 것이다. 그는 내가 호기심을 보이며 설명에 반응하자 더욱 흥분하여 집 한 채 값을 주고 구입한 이야기부터 수 백리 떨어진 곳까지 야밤에 달려가서 가져온 이야기까지 군대 무용담보다 더 스릴 넘치는 이야기들을 쏟아냈다. 급기야 부인 몰래 거금을 들여 골동품을 산 이야기, 주인이 없는 집에서 슬쩍 가지고 온 이야기 등 남에게 알려지면 곤란한 이야기까지 술술 털어놓았다.

얼마나 지났을까. 배가 슬슬 고파오기 시작했고 졸리기도 했다. 큰 목소리에 귀가 멍멍해 짜증까지 났다. 시계를 보니 네 시간째 그의 말을 듣고 있었다. 그렇다고 열변을 토하고 있는 그를 딱히 제지할 방법도 없었다. 이럴 땐 '밥 먹고 합시다'가 제격이긴 한데 쉽게 그 말이 나오질 않았다. 나는 이 순간이 빨리 끝나기만을 바랐다. 이러지도 저러지도 못하고 있는데 때마침 그의 부인이 그를 찾는 소리가 들렸다. 이렇게 해서 자연스레 열띤 설명은 끝났고, 식사를 함께하게 되었다. 물론 식사 자리에서도 그의 이야기는 계속되었다.

옆에 있던 부인이 더 이상은 못 참겠다는 듯 버럭 소리를 질렀다. 그역시 기차 화통 삶아 먹은 소리였다. 이 부부는 목소리만큼은 확실히 부창부수였다. '이제 그만 하세요, 제발. 그 물건들 꼴도 보기 싫으니 팔아

남편을 기증해도 되나요

먹든 말아먹든 눈에 안보이게 갖다 버리세요'하는 것이었다. 나는 이때다 싶어 슬쩍 기증의사를 떠 보았다. 물론 예상한 대로 어림도 없었다. 어색한 분위기를 뒤로 하고 우리는 헤어졌다.

달포쯤 지났을까. 그에게서 전화가 왔다. 골동품 때문에 거의 매일 부인과 싸운다고 했다. 하는 일도 잘 안 돼 먹고 살기가 힘들어지니까 다툼의 횟수도 많아졌다고 했다. 그러니 한번 와서 부인에게 좋은 얘기를 좀 해 달라는 것이었다. 어색한 분위기로 헤어져서 그런지 썩 내키지 않았지만 사람의 정이 어디 그런가. 마지못해 조만간 말미를 내 한번 찾아뵙겠다고 했다.

얼마 후 그를 찾았다. 가는 길에 또 기차 화통 삶아 먹은 소리를 들어야 하나라고 생각하니 나도 모르게 귀가 멍멍해졌다. 그리고 무슨 얘기를 어떻게 해야 하나 고민도 되었다. 그런데 달포 만에 만난 그는 좀 달라 보였다. 말도 별로 없었고 기가 죽어 있었다. 얼굴은 헬쓱하여 주름살은 더 깊이 패인 듯 형편없었다. 아마 부인과의 관계 때문일 거라고 짐작했다. 아니면 부인이 사전에 교육을 시켰을 수도.

이번에는 지난번과 달리 내가 주로 얘기하고 그는 듣는 편이 됐다. 나는 장황한 설명보단 물건의 가치와 희귀성에 대해 주로 얘기했고 그는 조용히 듣기만 했다. 물론 그의 입은 말을 하고 싶어 꼼지락거렸다. 그럴 때마다 옆에 있는 부인의 눈치를 살폈다. 내가 여기 온 목적은 이들 부부의 불화를 제거해 궁극적으로는 가정의 평화를 지켜주는 것이었기에 부부가 좋아할 만한 말을 해야 했다.

그래서 나는 우선 물건 하나하나에 대한 역사적 가치를 조금 부풀려 얘기했고 남편의 업적과 노고를 칭찬했다. 이를테면 '이것은 우리나라에 하나밖에 없는 아주 소중한 것이다'. '저것은 이 분 아니었으면 영원

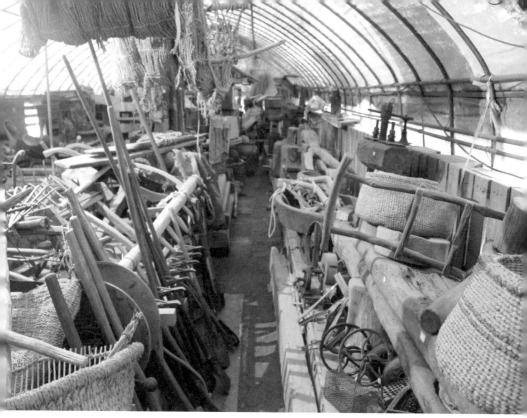

수집한 도구들

히 사라졌을 것인데, 훌륭한 일을 했다' 등등. 그렇다고 문화재 지킴이로 유명한 간송 전형필이나 호암 이병철과 견줄 만하다고는 하지 않았다. 내 말을 듣고 있는 그의 얼굴에는 엷은 미소가 번졌고 안도의 눈빛이 엿보였다. 나도 덩달아 마음이 편해졌다.

　그의 부인은 그래도 뭔가 미심쩍어하는 표정이었다. 그와 헤어지면서 여기 있는 물건들은 역사적, 학술적 가치가 높아 금액으로 계산하기가 곤란하며 앞으로 시간이 가면 그 가치는 더욱 올라갈 것이라며 마지막으로 한마디를 보탰다. 이런 훌륭한 물건들을 불철주야, 경향 각지를 누비면서 수집한 것은 훈장 받을 만한 일이라고 그의 부인이 들으라는 듯이 큰소리로 치켜세웠다.

그로부터 얼마 후 그에게서 전화가 왔다. 내가 다녀간 후 부인의 태도가 달라졌고 다툼도 사라졌다고 했다. 그리고 아내한테 물건 보는 눈이 있다고 칭찬까지 받았단다. 그때도 수화기 속 목소리는 기차 화통 삶아 먹은 소리보다 컸으나 귀가 멍멍하지는 않았다.

박물관 일을 하면서 보람된 일은 더러 있었으나 이번처럼 큰 보람을 느낀 경우는 없었다. 박물관 업무가 문화재를 지키는 것 외에 가정의 평화를 지키는 것까지 늘어난 것 같아 당황스럽지만 그때 일을 생각하면 훈장 언제 주냐고 따질까 봐 덜컥 겁이 나기도 한다.

2장

전시로 말하다

무엇에 쓰던 물건인고

●●● 세상에는 모양만 가지고는 그 쓰임새를 알 수 없는 물건이 많다. 특히 예전에 농민들이 사용했던 물건은 더욱 그렇다. 각자가 필요에 의해서 스스로 만들거나 특정 지역, 특정인들만 사용했기 때문이다.

생김새와 쓰임새가 특이한 물건들만 모아 전시를 한 적이 있었다. 이름하여 '이색농기구 특별전'. 기상천외한 발상과 기발한 아이디어로 만든 물건들만 뽑았다. 선조들의 지혜와 재치에 절로 무릎을 치게 만들만한 것들이다.

이들 물건의 사용법은 관련 자료를 찾고 기록과 사진, 그림 등을 통해 알아냈다. 직접 사용해 봤거나 목격한 사람들의 구술과 증언 등도 참고했다. 어떤 것은 틀릴 수도 있고 영원히 모르는 것도 있다. 직접 사용했던 옛 선조들이 보면 멍청이 같은 놈이라고 비웃는 것들도 있을 수 있다.

'곰박'이라는 것이 있다. 우리 민족의 조상인 '곰'과는 아무런 관련이 없다. 물론 '박'하고도 관련이 없다. 음식을 조리할 때 뜨거운 물에 삶아 낸 건더기를 건져내는 도구다. 표준어로는 '석자'라고 하는데 제주에서는 '곰박'이라고 한다. 이 물건은 제주에서 온 것이라 '곰박'이라 했다.

둥근 나무판을 움푹하게 파고 여러 개의 구멍을 내 건더기는 남기고 물은 빠지도록 했다. 철사를 그물처럼 엮어서 바가지 모양으로 만든 것도 있다. 뜨거운 물이나 기름 속에 넣어야 하기 때문에 보통 자루가 긴 것이 특징이다. 튀김용 젓가락이 긴 것과 같은 이치다.

'말코지'를 아는 사람은 그리 많지 않을 것 같다. 농가에서 벽이나 기둥 따위에 매달아 두고 물건을 걸어두는 도구다. 가지가 여러 개 나온 나무를 잘라 다듬어 끈으로 매달았다. 철사나 플라스틱이 귀했던 시절에 주변에서 흔히 구할 수 있는 나뭇가지를 이용한 것이 기발하다.

지금으로 치면 다용도 옷걸이쯤 된다. 일종의 행거다. 주로 기둥에 매달아 시래기나 곡식의 이삭, 곶감 등을 걸어두고 말렸다. 때론 양말이나 수건 등 생활에 쓰이는 물건들을 걸어두기도 했다. 가지 형태를 그대로 살리고 정교하게 다듬은 수준은 흡사 예술작품 같다.

좀 생소하지만 '태'라는 것도 있다. 일반적으로 탯줄, 태아 등을 연상하겠지만 전혀 아니다. 농부들이 새를 쫓을 때 쓰던 도구를 말한다. 짚이나 삼, 말총 등으로 꼰 밧줄이다. 줄의 머리 쪽을 잡고 위에서 빙빙 돌리다가 갑자기 반대 방향으로 잡아채면 '딱'하는 소리가 난다. 이 소리에 새들이 놀라서 달아나는 것이다. 그런데 그 소리가 얼마나 큰지 어른들도 깜짝 놀란다.

충북 지방에서 태그 지방에서는 '파대'라 한다 재현 행사를 한 적이 있었다. 수십 명이 한꺼번에 같은 동작으로 파대소리를 내다보니 그 소리

• 곰박

• 태

• 말코지

• 뒤웅박

가 엄청 컸었던 모양이다. 시민들이 총소리로 오인해 경찰에 신고한 것이다. 그 후로 도심 속 재현 행사는 중지되었다.

농민이 애써 키운 농작물들을 먹어치우기 때문에 새는 농민의 적이다. 애써 키운 농작물을 지키기 위해 농부들이 농약이나 총 등으로 새를 해치지 않고 쫓는 방식으로 새와 공존을 택한 것이 퍽 지혜롭다.

옛말에 '여자 팔자 뒤웅박 팔자'라는 것이 있다. 뒤웅박에 무엇을 담느냐에 따라 그 쓰임이 달라지듯이 여자도 어떤 지아비를 만나느냐에 따라 인생이 달라진다는 뜻이다. 요즘 이런 말을 했다가는 여성비하 발언으로 뭇매를 맞을 수도 있지만 그런 시절이 있었다. '뒤웅박'은 농촌에서 요긴하게 쓰였던 쌈지 같은 물건으로 벽이나 기둥 등에 매달아 두고 물건들을 보관했다.

쌀, 달걀, 곡식 종자는 물론이고 담배, 성냥 등 생활에 필요한 물건들도 보관했다. 뒤웅박은 박을 쪼개지 않고 꼭지 부근에 구멍을 내 만들었다. 자연스레 꼭지가 손잡이가 되었고 뚜껑은 하트모양으로 만들어 아름다움을 추구하였다. 이처럼 우리 조상들은 사소한 물건을 만들 때도 대충하지 않고 예술성을 가미했다. 이름도 예술, 모양도 예술. 이런 걸 보노라면 그저 즐겁고 행복하다.

농기구, 보물이 되다

●●● '왜 농기구에는 국보, 보물이 없는가?'

이 의문에서 출발한 것이 '농업보물전'이다. 의문이라기보다는 아쉬움이라는 표현이 더 적절할 것 같다. 우리나라의 유형 부문 지정문화재 제도는 크게 국가지정과 시·도지정으로 나뉘어져 있다.

국가지정에는 국보, 보물, 사적, 명승, 천연기념물, 중요민속자료, 문화재자료가 있으며, 시·도지정에는 유형문화재, 기념물, 민속자료, 문화재자료가 있다. 문화재 번호는 문화재 가치에 따라 매기는 것이 아니라 일제강점기 당시 매긴 순서를 그대로 이어 오다가 1962년 문화재보호법이 제정되면서 이후 지정 순서대로 번호를 매긴 것이다. 따라서 '국보 1호 서울 숭례문'이 가치가 제일 높다고 할 수는 없다.

국보는 2021년 3월말 현재 제349호까지 있는데, 이후 국보로 지정되는 문화재는 가치가 아무리 높다고 해도 국보 350호가 되는 것이다. 문화재청은 이런 혼란을 없애기 위해 지정번호 개정작업을 진행하고 있다.

국보, 보물은 주로 궁궐이나 사대부 등 지위 높은 사람들과 관련된 것들이 많다. 농민과 관련된 것들은 눈을 씻고 봐도 없다. 여러 가지 이유가 있겠지만 우선 역사성이 짧다는 것이 가장 큰 이유일 것이다. 지금 남아 있는 농업유물들은 대체로 100년 미만으로 그리 오래되지 않았고 예술성, 희소성 등이 상대적으로 떨어진다고 보기 때문이다.

언젠가 역사성을 뛰어넘어 농업유물에 녹아든 농경문화의 의미와 농민들의 땀의 가치가 재평가되는 날이 오리라 기대한다. 그나마 다행인 것은 지정문화재 가운데 중요민속자료나 민속자료, 문화재자료에는 농업유물이 더러 있다는 것이다. 지정문화재로는 물레방아 류가 몇 점 있고 뒤주, 너와집, 맷돌 등이 있다. 이들도 세월이 가면 국보, 보물로 승격될 수 있을 것이다.

이런 현실을 아쉬워하면서 '나만이라도', '농업박물관만이라도' 나서야 한다는 일종의 의무감이 발동했다. 구한말 나라를 구하겠다는 의병의 심정을 생각하며 역사적인 농업보물전을 시도하였다. 먼저 공정성과 객관성을 담보하기 위해 외부 농기구 전문가들로 구성된 '농업보물선정위원회'를 구성하고 이들의 의견을 토대로 농업보물을 선정했다.

유물의 상태나 시대를 중심으로 기증자의 증언과 기록을 정리했다. 이런 일련의 과정을 거쳐 5천여 점의 소장유물 가운데 10점을 농업보물로, 40점을 중요농업유물로 선정했다. 비록 농업박물관이 자체 선정한 농업보물이었지만 농업유물 분야에서는 역사적인 순간이었다.

드디어 농기구가 보물로 탄생한 것이다. 본격적인 전시 작업이 시작되었다. 이번 전시의 컨셉은 농기구를 보물답게 대접하자는 것이다. 금관이나 국보 도자기 전시처럼, 이른바 부티나게 분위기를 연출했다.

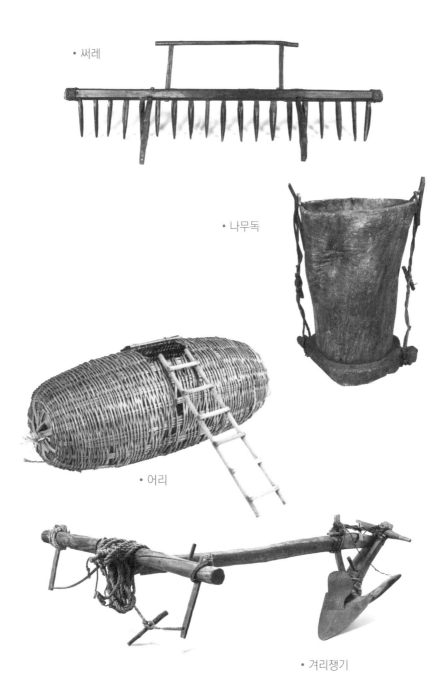

• 써레

• 나무독

• 어리

• 겨리쟁기

전시도록도 보물에 걸맞은 표지와 내용으로 제작한 이 전시는 여러 언론에 대대적으로 소개되었으며 농업박물관 전시 역사상 가장 많은 관람객이 찾은 전시로 기록되었다. 이 전시를 계기로 언제가 될지는 모르겠으나 '국보 제1000호 쟁기', '보물 제3000호 호미' 문화재 지정 예고. 이런 기사가 나오길 기대해 본다.

이 글을 쓰면서 문득 김춘수 시인의 시 '꽃'이 생각난다.

내가 그의 이름을 불러 주기 전에는
그는 다만 하나의 몸짓에 지나지 않았다.

내가 그의 이름을 불러 주었을 때
그는 나에게로 와서 꽃이 되었다.
내가 그의 이름을 불러준 것처럼
나의 이 빛깔과 향기에 알맞는
누가 나의 이름을 불러다오
그에게로 가서 나도
그의 꽃이 되고 싶다
우리들은 모두 무엇이 되고 싶다.
너는 나에게 나는 너에게
잊혀지지 않는 하나의 의미가 되고 싶다

그렇다. 우리가 보물로 불러 주기 전에는 한낱 농기구에 불과했다. 우리가 쟁기를 보물로 불러 주자 쟁기는 그대로 보물이 되었다. 보물이 된 농기구. 생각만 해도 기쁘지 아니한가.

더불어 잘살게 하는 힘, 협동

●●● 　요즘은 대부분 기계를 이용해 가족 중심으로 농사를 짓지만, 기계화 이전에는 여러 사람이 모여 협동방식으로 농사일을 했다. 그런데 이런 방식은 모든 나라에서 보편적으로 이뤄진 것이 아니라 유독 우리 민족에게 독특하게 나타난 현상이다.

이러한 사실은 전통 농기구들을 통해서도 확인이 되고 있는데, 우리나라에는 여러 사람이 힘을 합쳐 일하는 소위 '협동 농기구'들이 많다. 예를 들면 한꺼번에 10여 명까지 사용할 수 있는 가래가 있다. 가래는 흙을 퍼 나르고 땅을 고를 때 쓰는 대표적인 협동 농기구다.

이 밖에도 두 명이 호흡을 맞춰 물을 퍼 올리는 맞두레, 두 사람이 발판을 밟아 곡식을 찧는 디딜방아 등이 있다. 심지어 혼자 사용해도 되는 삽에 줄을 매어 협동의 도구로 만들어 사용하기도 했다. 이런 도구들은 다른 나라에서는 찾아보기 어려운 우리만의 도구들이다.

가래질(상), 디딜방아질(하)

남편을 기증해도 되나요

주변 국가에서는 도구를 여러 개 만들지언정 함께 하는 도구들을 만드는 경우는 드물다. 우리 민족은 왜 이렇게 협동의 방식으로 농사를 지었을까? 협동의 가치와 효과를 알았기 때문이다.

야생에서 사자가 자신보다 덩치가 몇 배나 큰 들소나 코끼리를 쓰러뜨리고, 작은 물고기들이 집단을 이루어 큰 물고기를 물리치는 것도 협동했기에 가능한 일이다.

우리 조상들은 '백지장도 맞들면 낫다'하여 작은 힘이라도 합치는 것이 좋고, '개미가 절구통 물어간다'고 할 정도로 협동의 위력을 대단하게 여겼다. 1970년대 농촌근대화를 앞당긴 새마을운동의 기본정신도 결국 협동이었다. 이승만 대통령은 '뭉치면 살고 흩어지면 죽는다'고 호소하면서 민족생존의 길을 협동에서 찾기도 했다.

우리 농업사회에서 협동정신이 가장 잘 표출된 것이 두레다. 두레는 협동의 바탕 위에 양보와 배려심이 녹아 있는 공동체 문화의 정수라고 할 수 있다. 힘든 농사일은 두레 조직을 통해 협동으로 극복하며 아름다운 공동체 문화를 이루어 왔다. 이런 문화는 농촌문제를 지혜롭게 해결해 주는 밑거름이 되었으며 가족간, 이웃간 갈등을 예방해 주는 역할을 했다.

우리 조상들은 협동을 놀이문화로 승화시켜 즐기기도 했는데, 줄다리기를 통해 단순한 힘의 합보다 조화와 화합의 힘이 훨씬 크다는 것도 일찌감치 깨달았다.

협동의 미덕과 필요성은 역사 기록에도 자주 등장한다. 조선 후기 농촌사회를 노래한 정학유의 〈농가월령가〉에 '남북촌 합력하여 삼구덩이 하여 보세'라 하여 '남북마을 힘 합해서 삼구덩이 만들자'고 호소하고 있으며, 또 '이웃집 울력하여 제 일하듯 하는 것이'라 하여 '이웃집 사람들이 힘을 모아 자기 일하듯 한다'며 협동의 아름다운 모습을 그리고 있다.

〈세종실록〉 17년 5월 25일 기록에는 '협동주제' 즉 협동하고 구제하여 기근을 면하게 한 자에게는 관직을 주겠다고 하면서 협동을 독려하는 대목도 있다. 고려 후기 학자인 이곡의 문집 〈가정집〉에는 '협동하고 화목하는 기풍이 일어나면 너그럽고 아름다운 풍속이 이루어진다'고 하여 협동이 사회를 아름답고 조화롭게 한다고 적고 있다.

농경사회에서 요구되는 협동이 주로 육체적 협동이었다면 요즘 시대에는 지식과 기술, 정보, 사고 등 무형자산의 협동이 중요하다고 할 수 있다. 학문 간의 융복합, 학교와 산업현장과의 산학협력, 기술과 인문학의 결합, 도시와 농촌의 협력, 농업의 1, 2, 3차 역할을 아우르는 6차 산업화 등이 새로운 형태의 협동이다.

우리에게는 오랜 농경 역사를 통해 축적된 훌륭한 협동의 DNA가 있다. 즉 우리는 더불어 일하고 함께 즐길 줄 아는 협동의 민족이다. 아무

맞두레질

남편을 기증해도 되나요

리 시대가 변했다 해도 협동의 가치가 변한 건 아니다. 다만 협동의 방식이 변했을 뿐이다. 최근 각종 국제 단체 운동경기에서 한국 선수들이 좋은 성적을 내는 것도 원인을 분석해 보면 모두 고도의 협동시스템이 숨어 있다는 것을 알 수 있다.

협동의 가치를 얘기할 때 '혼자 가면 빨리 갈 수 있지만, 함께 가면 멀리 갈 수 있다'는 속담을 자주 인용한다. 빨리빨리 만을 강조하는 요즘 세대에 딱 맞는 말이다. 협동은 우리를 다 함께 잘살게 해주는 힘인 것이다.

지혜 담긴 이야기, 속담

●●● 우리나라에는 수많은 속담이 있다. 속담에는 교훈적 의미와 비유, 풍자, 해학 등이 담겨 있다. 적절한 속담 인용은 대화나 글을 더욱 감칠맛 나게 하기도 한다. 전하고자 하는 메시지를 간결하게 나타내기도 한다. 또한 직설적으로 말하기 곤란한 경우 에 둘러 표현하는데도 요긴하게 활용된다.

우리네 속담에는 농사와 관련된 것들이 많다. 오랜 농경생활을 통해 터득한 지혜와 자연의 섭리 등이 자연스레 속담화 된 것이리라. 따라서 속담 속에는 민초들의 희로애락이 배어 있다.

조상들의 재치와 지혜의 산물인 속담은 오늘날 우리에게 훌륭한 지적재산이며 역사성 있는 문화자산이다. 이런 속담들이 1960년대 이후 산업사회로 접어들면서 점차 우리 주변에서 멀어지고 있다.

속담 사용이 때로는 젊은 세대들로부터 속칭 '꼰대' 로 취급당할 처지

남편을 기증해도 되나요

가 되었다. 그래도 여전히 속담은 건조한 대화를 매끄럽게 하고 삭막한 세상에 웃음을 주는 윤활제 역할을 하는 것임에는 틀림없다. 속담이 가지고 있는 여러 가지 의미를 그 내용별로 정리해 본다.

농사는 계절별·시기별로 노동력 투입 강도가 매우 다르다.

농번기에 일손이 매우 바쁨을 비유한 속담으로는 '오뉴월 발등에 오줌 싸기도 바쁘다', '가을 들판에는 송장도 덤빈다', '부지깽이도 뛰는 바쁜 시절이다', '오뉴월 손님은 호랑이보다 무섭다' 등이 있다.

속담의 여러 기능 중 하나인 교훈과 지혜를 주는 속담도 많다.

'호미로 막을 일을 가래로도 못 막는다', '소 잃고 외양간 고친다', '소는 말이 없어도 열두 가지 덕이 있다', '논이 새까맣게 보이면 섶만 많이 나온다', '유두에 소를 타지 말고 8월에 타라', '한 어깨에 두 지게 질까', '섣달 그믐날 떡시루 빌리러 간다', '콩 심은데 콩 나고 팥 심은데 팥 난다', '전답을 사도 물소리 들리는 곳의 것은 안 산다', '솥은 부엌에 걸고 절구는 헛간에 놓아라', '쟁기를 잡고 뒤를 돌아보지 마라', '벼는 익을수록 고개를 숙인다' 등이 있다.

경험에서 터득한 농사의 때를 알려주는 말도 많다.

'조팝나무 꽃필 때 콩 심어야 한다', '처서에 가을채소 파종한다', '쇠뿔도 단김에 빼라', '밀이 맑게 돼야 벼 주먹 틀어진다', '입동 전 보리씨에 흙먼지만 날려 주소', '아카시아 꽃필 때 참깨를 심어라'가 있다.

기상이나 자연현상으로 풍년을 예측한 속담도 있다.

'곡우에 씻나락 담가야 풍년 든다', '곡우에 비가 오면 풍년 든다', '대보름은 맑아야 풍년 든다', '청평에 남풍 불면 풍년 든다', '하지에 비가 오면 풍년 든다', '칠월에 두레박 소리가 나야 풍년 든다', '밤꽃이 잘 피면 풍년 온다', '밤꽃에 벌레가 생기면 풍년 든다', '제비가 집을 거칠게 지으면 풍년 든다', '고목나무 잎이 무성하면 풍년 든다', '느티나무 잎이 봄에 똑같이 피면 그해는 풍년 든다', '설은 질어야 하고 추석은 맑아야 한다', '마파람이 불면 작물이 잘 자란다', '초복에 벼가 푸른색을 띠면 풍년 든다', '벚꽃이 일찍 피면 풍년 든다', '대추가 많이 달리면 풍년 든다'는 속담들이 그것이다.

반면 흉년을 예측한 속담도 있는데, '삼복에 장마 지면 콩·팥이 흉년 든다', '추석날 마당물이 고이면 보리농사 폐농한다', '마늘 심고 부엌에 먼저 들어가면 마늘농사 망친다', '삼월 삼짇날에 바람 불면 흉년 든다' 등이 있다. 되새겨 보면 저절로 고개가 끄덕거려진다.

기상을 예측한 속담도 있는데, '정월 대보름달이 희면 물이 많고 붉으면 가물다', '괭이자루가 쉽게 빠지면 가물다', '맑은 날 번개 치면 가뭄 온다', '무궁화 꽃이 일찍 피면 서리가 일찍 온다' 등이다.

'불 먹은데 웃거름 주면 벼농사 폐농한다'는 말은 농사비법을 알려주는 속담이다. 부지런하라는 교훈을 주는 속담으로는 '거친 두벌이 꼼꼼 애벌보다 낫다', '농작물은 주인 발자국 소리 듣고 자란다', '오뉴월 하루 놀면 동지섣달 열흘 굶는다', '좋은 농사꾼에게 나쁜 땅은 없다', '부지런한 물방아는 얼 새도 없다' 등이 있다.

이 밖에도 다양한 의미를 지닌 속담들이 많다.

'가래 장사꾼은 호랑이도 무서워한다', '백중날은 논두렁 보러 안 나간다', '못 먹는 씨앗 소리만 난다', '풋농사 마당 흉년 든다', '보리는 세간 밑천이다', '보릿대 풍년은 곡식 흉년이다', '말복 나락 크는 소리에 개가 짓는다', '가을 일은 미련한 놈이 잘한다', '가을 중의 시주바가지 같다', '김매기 싫은 놈이 밭고랑만 센다', '유월 장마에 돌도 큰다', '서울사람은 비만 오면 풍년이란다', '임자 잃은 논밭에 돌피 성하듯', '박

넝쿨이 용마루를 넘으면 사촌 집에도 가지 마라', '남편은 두레박, 아내는 항아리', '산중 놈은 도끼질, 야지 놈은 괭이질', '다 된 농사에 낫 들고 덤빈다', '미장이에게 호미는 있으나마나', '쟁기질 못하는 놈이 소 탓한다', '보리 까끄라기도 쓸모가 있다', '쌀 한 톨 보고 뜨물 한 동이 마신다' 등 농사를 비유한 속담들은 무수히 많다.

'쇠똥 세 바가지 쌀 세 가마', '물탐 많은 사람 농사 잘된 것 못봤다', '농부는 굶어 죽어도 종자를 베고 죽는다', '논 자랑하지 말고 모 자랑해라'라는 말도 있다.

이처럼 우리 조상들은 일상의 농사에서 얻은 경험과 지식을 허투루 여기지 않고 속담으로 만들어 후세에 교훈으로 전하고 있다. 조상이 남긴 짧은 속담 하나도 함부로 여기지 말자.

농기구 품은 유행가

●●● 흔히 유행가라고 부르는 대중가요에는 우리의 삶이 녹아 있다. 고향, 사랑, 이별 등 다양한 인간의 감정들을 노래한 대중가요는 그 노랫말에 시대상과 사회상이 깃들어 있다. 1960년대 이농 현상이 심했을 때에는 고향과 가족을 그리워하는 노래가 유행했다. 대중가요를 통해 농업과 농촌의 모습을 엿볼 수 있다.

대중가요 중 농기구가 등장하는 노래는 얼마나 될까. 노래 가사 검색 시스템을 돌려 보면 쟁기부터 호미, 삼태기, 지게와 같은 농사 도구와 물레방아, 망태기, 바구니와 같은 농촌 생활에 쓰이는 물건들이 등장하는 노래들이 많다.

일반적으로 농업이 주요 산업이었던 1970년대 이전 노래에 농업 관련 도구들이 많이 등장할 것이라고 예상하지만, 최근 노래에도 심심찮게 등장한다. 그만큼 농업이 우리의 삶과 의식에 깊게 자리하고 있음을

남편을 기증해도 되나요

물레방아

알 수 있다.

　그렇다면 대중가요에 가장 많이 등장하는 농사 관련 물건은 무엇일까. 정답은 물레방아다. 물레방아와 관련된 노래로는 '물레방아 도는데', '물방아 도는 내력', '인생은 물레방아', '물레방아 인생' 등 10여 곡이 넘는다. 아마 물레방아는 고향을 그리워하는 상징적 물건이고 돌고도는 인생을 물레방아에 빗대기가 안성맞춤이라서 그런 것 같다.

　두 번째로는 호미가 많다. 가장 흔하게, 보편적으로 사용해 왔기 때문으로 보인다. 기계화가 되었어도 지금까지 꾸준히 쓰이는 도구가 호미다. 다양한 쓰임새를 가진 호미는 농작업의 상징처럼 노래에 많이 나오는데 가벼운 도구라 그런지 주로 여성과 연관돼 등장한다. '사모곡'에는 '앞산 노을 질 때까지 호미자루 벗을 삼아', '처녀총각'에는 '호미 들고

밭 가는 저 총각의 가슴에도/봄은 찾아 왔다고', '새쫓기'에는 '수수밭가에 시골처녀 호미 들고 서서', '앵두나무처녀'에는 '물동이 호미자루 나도 몰래 내던지고'라는 노랫말이 있다. 호미는 역시 여성의 도구다.

'쟁기'는 크고 무거워 주로 남자들이 사용하였다. 그래서 쟁기는 힘들게 쟁기질하던 아버지를 연상하는 방식으로 노래에 등장하고 있다. '사부곡'에 '쟁기 메고 지게 지고 잔주름이 늘어가도/ 불효자식 등불 삼아 굳게 사신 아버님' 이란 대목이 있다.

2011년에 나온 '내고향 예천'에는 '아버지 쟁기 몰아 우리 남매 길러주신/아~ 내 고향은 예천 예천이란다'라는 가사가 있다. 농경문화 시대 대표적 운반 도구인 지게는 주로 빈 지게라는 소재로 쓰였는데, 인생의 공허함을 비유하고 있다.

'빈 지게'에는 '돌아보면 흔적도 없는 인생길은 빈 술잔/빈 지게만 덜렁 메고서 내가 여기 서 있네'라는 가사가 나오고, '가뭄' 노래에는 '텅 빈 지게에 갈잎 물고 나는 간다'라는 가사가 있다.

이 밖에 '꼴망태 목동'과 '처녀 농군'에는 물건을 담아 옮길 때 쓰는 도구인 '망태기'가, '아리랑 목동', '고추밭 사랑', '도라지 맘보'에는 '바구니'가 각각 나온다. '아직도 못다 버린 이별', '헤어질 수 없는 이유'에는 쟁기를 끌 때 소의 목에 얹는 도구인 멍에가 나온다. 가수 김수희가 부른 공전의 히트곡 '멍에'에는 정작 멍에가 한 번도 나오지 않는다.

가수 송대관은 '유행가'에서 '유행가 노래 가사는 우리가 사는 세상 이야기/유행가 노래 가사는 사랑과 이별 눈물이구나, 쿵쿵따리 쿵쿵따 신나는 노래'라고 부르고 있다. 이처럼 유행가는 사랑과 이별, 고향을 노래했고 익숙한 농기구와 농촌 살림살이를 노랫말에 담기도 했다. 농기구는 노래의 맛을 더 하고 대중에게 친근감을 더해 주는 조미료 역할을 한다.

오래전 일이지만 나는 농기구가 나오는 노래를 알아보기 위해 어느 노래방에서 '노래책' 한권을 슬쩍 가지고 나온 적이 있다. 비록 노래방 주인과는 잘 아는 사이였지만 아무런 상의 없이 가지고 나온 것이 지금도 찜찜하다. 그 때는 목적 달성만 하면 슬쩍 갖다 놓을 요량이었다.

그러나 쓸모를 다 했음에도 여러 핑계로 차일피일 미루다가 돌려주지 못했고 결국 그 책은 버렸다. 결과적으로는 의도치 않게 '절도범'이 된 셈이다. 혹시나 해서 친구 변호사에게 물어볼까 하다가 싱거운 친구라고 할까 봐 물어보진 않았다.

혹 노래방에 있는 노래책을 벌건 대낮에 외부에서 본 적이 있는가. 노래방책은 노래방 안에서만 필요하기 때문에 밖에서 본 사람은 거의 없을 것이다. 내가 본 노래방책은 한마디로 악취와 오염 덩어리였다. 담배 연기를 얼마나 뿜어댔는지 담배 냄새가 지독했고 담뱃불로 지진 흔적들이 셀 수 없이 많았다. 그리고 양주, 맥주, 우롱차, 립스틱 등으로 추측되는 얼룩들이 여러 군데 있었다.

나는 농기구가 들어있을 법한 노래 제목을 찾아야 한다는 일념으로 숨을 참아가면서 수십 번, 아니 수백 번 책장을 넘기고 또 넘겼다. 여러 번 책장을 넘기다 보니 신기하게도 악취는 사라지고 얼룩은 예술작품처럼 보이기 시작했다.

조금은 황당한 이야기

어서 와, 개고기는 처음이지

●●● '김관장, 우리 지역에 옛날 농기구를 많이 가지고 있는 농민이 있는데 한번 다녀 가슈~'

평소 잘 알고 지내던 조합장의 전화였다. 나를 늘 응원해 주고 지지해 주던 분이라 감사를 표하고 찾아뵙겠다고 했다.

농작물들이 무르익어가던 여름날, 조합을 방문하게 되었다. 조합장은 만나자마자 지역의 농업과 관내 현황에 대해서만 열정적으로 이야기할 뿐 정작 농기구 이야기는 꺼내지도 않았다. 지역 사랑과 농촌 사랑이 넘치는 듯했다.

한번 시작된 조합장의 장광설은 끝날 기미가 보이지 않았다. 좀 지루하기는 했지만, 농기구 친견이라는 본래의 목적을 완수하는 것이 무엇보다 중요했기에 눈치를 보다가 어렵사리 현장에 가보자는 간청을 할 수 있었다.

그는 현장으로 가면서 만나는 사람마다 인사를 하고 우리에게도 인사를 시켰다. 아는 사람이 왜 그리도 많은지, 길가는 사람은 모두가 아는 사람이었다. 피곤해 살짝 잠이 들려고 하는 순간 드디어 어느 마을에 도착했다.

차에서 내려보니 뒤로는 산이 병풍처럼 둘러쳐져 있었고, 앞에는 너른 논이 펼쳐져 있었다. 좌우 주변에는 낮은 언덕이 있었는데 흙은 황토색이었다. 언뜻 보니 고구마, 옥수수, 고추 등이 심겨 있었다. 흔히 볼 수 있는 전형적인 농촌 풍경이었다.

우리가 방문할 집은 마을 입구에 있었다. 왼쪽에는 창고가 있었고 오른쪽에는 담배건조장으로 보이는 조금 높고 허름한 건물이 있었다. 앞쪽의 창고에는 경운기, 트렉터 등 최신 농기계들이 있었고 그 안쪽으로 오늘 보게 될 자질구레한 농기구들이 바닥과 벽에 걸려 있었다. 휙 둘러

보니 쟁기와 써레, 호미, 괭이, 망태기 등이 보였다.

조합장은 농기구에 대해선 별 관심이 없는 듯 보였다. 정작 본인도 배가 고팠던지 빨리 밥이나 먹으러 가자고 우리 일행을 마을 안쪽으로 안내했다. 나도 배가 몹시 고팠기에 아무 생각 없이 졸졸 따라갔다. 그는 구수한 국 냄새가 나는 집으로 들어갔다.

그 집에는 잔칫날처럼 많은 사람이 모여 있었다. 사람들이 왜 이렇게 많냐고 물으니 오늘이 복날이라 동네 사람들끼리 음식을 나눠 먹는다고 했다. 여성들은 김이 모락모락 나는 가마솥에서 연신 국을 퍼서 마당과 방으로 날랐다. 몹시 시장했던 우리 일행도 마당 구석에 자리를 잡고 앉아서 기름이 둥둥 떠 있는 국에 밥을 말아 한 그릇씩 뚝딱 맛있게 먹었다.

조합장은 동네 사람들과 어울려 식사를 하였고 우리는 따로 먹었다. 조합장이 식사를 마치고 우리 쪽으로 오면서 맛이 어땠냐고 물었다. 우리는 아주 당연히, 맛있게 잘 먹었다고 했다. 그러자 그는 오늘 서울서 귀한 손님이 온다고 해서 특별히 제일 맛있는 개고기로 준비한 것이라고 했다.

순간 귀를 의심했다. 뭣이라고요? 개고기라고? 라고, 라고, 라고요? 너무 놀라 일행 중 한 사람은 동공 지진과 함께 위장 경련의 표정을 짓더니, 마당 안쪽의 개집 옆으로 뛰어가 지금까지 맛있게? 먹었던 모든 것을 아낌없이 반납하였다.

이를 본 나도 반납의 기미가 있었으나 겨우 참고 그 자리를 떠날 수 있었다. 그때 개집에 개가 있었는지, 개가 동족 포식의 의례를 치렀는지는 확인하지 못했다. 이 동네 사람들은 오랫동안 복날이면 으레 개고기를 함께 먹어왔던 풍습이 있었고, 우리 일행에게도 아무 거리낌 없이 대

개고기집 간판

접했던 것이다.

미풍양속은 잘 보존하고 널리 알려야 한다는 굳은 신념으로. 그날 견탕시식犬湯試食이라는 충격을 겪은 일행은 이후 며칠동안 토사곽란으로 고생고생하다가 겨우 회복하여 지금은 잘살고 있다고 한다. 세월이 흐른 지금은 그 사람이 개를 하는지 먹는지 모르겠다.

참, 그래서 농기구는 어떻게 되었느냐고? 예상한 대로 그날 이후로 아무런 진척이 없었고, 오히려 개고기 때문에 다시 연락이 올까 두렵다.

돌도끼 기증사건

오래전 있었던 이야기다. 박물관에 들어온 지 얼마 안 된 직원이 유물을 기증하겠다는 전화를 받았다. 나는 무슨 유물이냐고 물었고 그는 돌도끼인 것 같다고 했다. 나는 순간 흥분했다. 15년 넘게 박물관에서 근무했지만, 돌도끼를 기증하겠다는 것은 처음이었기 때문이다.

그런데 전화한 그 사람은 물건을 직접 보낼 수 없으니 꼭 현장에 와서 보고 가라고 했다는 것이다. 통상 기증 의사를 알려오면 현장에 가서 물건을 보고 수집 여부를 결정해 온 터라 그러자고 했다. 그런데 돌도끼라는 것이 보지 않고도 어느 정도 알 수 있는 물건인데 굳이 꼭 현장에 와서 확인을 해 달라는 것이 조금은 이상했다. 하지만 기증자의 숭고한 기증 정신을 받들고 고마움을 직접 전하는 것이 도리인지라 기본에 충실하기로 했다.

박물관 일 가운데 즐겁고 설레는 일이 몇 가지 있는데, 그중 으뜸이 유물 수집이다. 조상의 빛난 얼이 깃든 옛것을 만나는 일은 즐겁고 마음을 달뜨게 한다. 어쨌든 돌도끼를 보기로 약속한 날이 왔다. 돌도끼를 담을 상자를 정성껏 닦고 포장 재료를 준비했다. 수천 년 된 귀한 물건이니까 경건하고 엄숙한 마음으로 영접해야 하거늘. 어찌 그냥 갈 수 있겠는가.

그가 알려준 대로 주소를 입력했다. 저절로 콧노래가 나왔다. 첫사랑 연인을 만나러 가는 사람처럼 가슴이 두근거렸다. 일이 잘 되려고 그러는지 그날따라 차도 안 막히고 날씨까지 좋았다. 들뜬 마음에 주변의 풍경도 아름답게만 보였다. 머릿속에는 오로지 돌도끼만 가득했다.

오늘 만나게 될 돌도끼로 말할 것 같으면 신석기시대부터 사용해오던 도구로서 원시농경사회에서는 매우 중요하게 사용된 농사 도구다. 주로 주거지나 농경지 주변에서 출토되며 석기 시대의 대표적인 농사 도구이다.

더구나 쇠도끼를 기증하는 경우도 드문 일인데 돌도끼 기증은 농업박물관 개관 이래 초유의 일이다. 오늘 또 하나의 역사를 쓴다는 생각을 하니 흥분이 되었다. 수천 년 된 돌도끼를 농가에서 보관하는 것도 어려운데 이 귀한 것을 기증하다니, 그저 놀랍고 고마울 따름이었다.

가는 도중 혹시나 해서 동행한 직원한테 '분명 돌도끼가 맞냐'고 재차 확인했다. 직원은 전화 음질은 썩 좋지 않았지만 희미하게 손도끼인지 돌도끼인지 하는 말이 분명 들려 왔다고 했다. 순간 약간의 불길한 예감이 스쳤지만 나는 애써 돌도끼가 맞을 거라고 생각했다. 다른 것일거라고는 아예 생각도 안했고 하기도 싫었다.

휴게소에서 넣은 입속의 청포도사탕이 다 녹기도 전에 네비게이션에

돌도끼질 하는 원시인

서 도착을 알리는 소리가 울렸다. 차에서 내려 주변을 보니 시장골목이었고 좌우로 가게들이 죽 늘어서 있었다. 보통의 기증자들은 자택이나 농장 등을 알려주는데, 이 분은 찾기 쉽게 시장을 알려줬구나 하고 생각했다. 각별한 친절과 세심한 배려가 고마웠다.

시장에 도착하여 기증자를 만나기 위해 전화를 거니, 자신은 멀리 떨어져 있다며 혹 큰 비석같은 게 안보이냐고 물었다. 앞을 보니 비석처럼 생긴 큰 돌덩이가 우뚝 서 있었다. 보인다고 하니 바로 그 비석이라고 했다. 디기가 자세히 보니 한자로 '○○송덕비'라고 새겨져 있었다. 순간 돌도끼로 뒤통수를 얻어맞은 기분이었다.

돌도끼가 아니고 송덕비라고! 마음을 진정시키고 뒤쪽으로 가서 올려다보니 비석은 비웃듯 나를 내려다보고 있었다. 모든 것을 내려놓은

송덕비

채 그저 빈 하늘만 멍하니 바라봤다.

통화 음질 때문에 송덕비가 손도끼로, 그리고 돌도끼로 바뀐 것이었다. 꼭 현장에 와 보라는 의미도 알게 되었다. 문득 오래전 종영된 방송 프로그램의 '고요속의 외침'이라는 코너가 생각났다. 귀를 막고 상대방의 말을 입 모양을 통해 알아낸 후 다른 사람에게 전달하는 것이었는데, '고릴라'가 '보일러'로, '유람선'이 '우간다'로 바뀌는 것을 보고 배꼽을 잡은 적이 있었다. 이 경우가 바로 그 경우였다. 송덕비가 손도끼로, 그럴 수도 있겠거니 하고 애써 이해하려 했지만, 그래도...

허탈한 마음을 누르고 올라오는 길에 그 직원이 겸연쩍은 표정으로 내게 말했다. "갓 입사해 유물 이름 외우는 데 온 신경을 쓰고 있던 터에 마침 '송덕비'인지 '손도끼'인지 하는 전화를 받고 좀 헷갈린 것 같다"며 미안해했다. 그때의 황당함 탓인가, 지금도 송덕비를 보면 돌도끼가 생각난다.

남편을 기증해도 되나요

맷돌이 왜 거기서 나와

●●● 참외가 한창 출하되는 시기인 6월 어느 날, 사무실로 참외 상자 하나가 배달돼왔다. 상자 겉면에는 참외로 유명한 성주농협이 표시돼 있었다. 열심히 일하는 박물관 직원들을 위해 누군가 참외를 보내온 것이려니 생각했다. 그런데 나한테 참외를 보내올 사람이 없는데 하며 택배 송장을 자세히 살펴보았다.

수신자는 분명 나였고 보낸 사람은 낯선 이름이었다. 상자를 들어보니 좀 묵직했다. 언뜻 들어봐도 10kg은 더 나갈 거 같았다. 혹 돌덩이라도 넣었나 생각하다가 속이 꽉 찬 참외를 넣어서 그럴 것이라고 짐작했다. 상자 앞면에는 탐스러운 노란 참외 다섯 개가 금방이라도 튀어나올 것 같은 웃는 모습으로, 사실적으로 그려져 있었다.

성주 참외가 유명하다는 것을 강조하려고 그랬는지 광고성 표시가 많이 붙어 있었다. 그중에서 특별히 눈길이 간 것은 참외를 영어로

참외상자

'CHAMOE'로 표기한 것이었다. 보통은 참외를 oriental melon이나 korean melon 등으로 표기하는데, 군이 'CHAMOE'로 한 것은 성주 참외에 대한 자부심의 표현이라고 해석했다.

성주 참외는 가야산의 맑은 물과 풍부한 일조량으로 당도가 높아 많은 사람이 좋아하는 성주 최고의 특산물이다. 성주는 전국 참외 생산량의 70%를 차지할 정도로 참외 주산지이며 농가소득 1억원 이상 농가가 1천 가구가 넘을 정도로 참외는 성주 농가의 주 소득작물이다. 또한 성주는 사양토와 점질토의 중간단계인 양토가 표토에서는 65.6%, 심토에서는 59.7%를 차지하고 있어 참외 재배에 가장 적합한 토양 조건을 가지고 있다.

보내온 참외 상자는 가로세로 세 번씩 누런 테이프로 단단히 봉해져 있었고, 큼지막한 글씨로 '취급주의'라고 쓰여 있었다. 참외가 깨질 수

남편을 기증해도 되나요

있으니 살살 다루라는 뜻이리라. 맛있는 참외
를 먹을 수 있다는 기대와 상상으로 입에 침이
고이기 시작했다.

　옆에는 직원이 과도와 쟁
반을 들고 참외 먹을 준비를
하고 있었다. 그런데 참외는
고유한 향이 매력인데 향이
전혀 나지 않았다. 중국에
서는 참외를 향이 나는 과일

• 맷돌

이라는 뜻으로 '香瓜'라고 할 정도로 향을 강조하고 있다. 조금 이상하
다는 생각이 들었지만 야무지게 포장을 해서 향이 새 나오지 않은 것이
라고 여겼다.

　드디어 기대와 설렘으로 상자를 풀었다. 상자 안은 스티로폼으로 사
방이 채워져 있었고 그 안에 신문지로 꽁꽁 싸매어 놓은 물건이 손에 잡
혔다. 드디어 신문지를 벗기니 잿빛 맷돌이 나를 비웃듯 놓여 있었다.
순간 참외를 맷돌에 갈아 마시고 싶다는 생각이 들었다. 당초 참외를 기
대했던 나 자신이 부끄럽기도 했다.

　그러면 그렇지 박물관에 웬 참외냐고. 참외 상자에서 참외가 안 나오
고 맷돌이 왜 나와. 맷돌이 왜 거기서 나오느냐고. 맷돌은 마른 곡식을
갈아서 가루로 만들거나 물에 불린 곡식을 갈 때 사용하는 도구다. 맷돌
을 우리나라에서 언제부터 사용했는지는 정확히 알 수 없지만, 출토물
과 여러 기록으로 봐서 삼국시대에도 이미 사용되었던 것으로 보인다.
곡식을 가는 도구의 원조는 신석기시대의 갈돌과 갈판이라고 할 수 있
으며, 이것이 발전해 요즘 흔히 믹서기라 부르는 분쇄기가 되었다.

참외 상자 사연의 전말은 이랬다. 택배 도착 한 달 전쯤 맷돌을 기증하겠다는 전화가 왔었다. 가지러 가겠다고 하니, 올 것까지는 없고 택배로 보내 주겠다고 했다. 그리고 한 달쯤 지나 참외 상자가 온 것이다. 기증 전화 후 한 달쯤 지난 터라 이 상자가 맷돌과 연관됐으리라고는 생각하지 못했다.

앞으로 택배 보낼 때는 내용물이 뭔지 확실히 표시합시다. 특히 과일 상자로 보낼 때는 더 분명히 합시다. 택배 수령자를 혼란스럽게 하는 행위도 때로는 죄가 될 수 있습니다.

노란 봉투

●●● 쇠뿔도 녹인다는 삼복더위가 기승을 부리던 어느 해 8월이었다. 외부 일정을 마치고 사무실로 돌아오니 책상 위에 노란 봉투 하나가 놓여 있었다. 회사에서 흔히 쓰던 일반 사무용 봉투였는데, 앞면 왼쪽 위에는 회사 로고가 선명히 찍혀 있었다. 아마 회사 내부에서 보낸 모양이었다.

직접 전달하는 것이 훨씬 효율적일 텐데 우편료를 부담하면서까지 굳이 우편으로 보낸 것이 의아했다. 로고 아래에는 발신자의 주소와 직명이 적혀 있었고 오른쪽 밑에는 수신자의 주소와 이름이 적혀 있었다. 보통은 수신자 이름 뒤에 '귀하'나 '앞' 등을 적는데 여기에는 고무인으로 크고 진하게 '親展친전'이라고 적혀 있었다.

수신자 위에도 '親展'이라고 또 한 번 찍혀 있었다. 親展의 사전적 의미는 '편지를 받을 사람이 직접 펴 보다'라는 뜻이니, 이 편지는 수신자가 직접 봐야 한다는 것을 강조하는 듯했다. 한편으론 다른 사람이 보면 큰일 날지도 모르니 '네만 봐라'고 신신당부하는 것 같기도 했다.

발신자는 매우 높은 임원이었는데, 이름은 없고 직명만 쓰여 있었다. 지엄하신 분이 보내온 것이라 필경 매우 중요한 내용이 들어있을 거라고 짐작했다. 봉투를 열기 전 순간적으로 여러 상상을 해봤다. 혹 격려금인가. 격려와 위로의 편지인가. 하기야 무더운 여름에 내가 고생을 좀 하긴 하지. 이제야 나의 고생을 알아주는 건가. 등등. 직장인이라면 누구나 해 볼 수 있는 상상을 했고, 그 순간만은 즐거웠다.

그도 그럴 것이 고위직 임원이 '꼭 직접 보라고', '나만 보라고' 특별히 편지를 보냈으니 오죽 하겠는가. 만약 격려금이라면 어떻게 써야 하나 하고 행복한 고민도 했다. 기대와 흥분, 설렘이 교차하면서 그 임원에 대한 최대한의 존경의 마음을 담아 봉투를 뜯었다. 봉투 안에는 이렇게 적힌 A4용지 한장이 들어있었다.

처음엔 내 눈을 의심했다. 손도 떨렸고 가슴도 떨렸다. 아니 온몸이 떨렸던 것 같았다. 머리는 떨리지 않았지만, 쇠뿔도 녹이는 태양처럼 뜨거워졌다. 이게 진정 실화란 말인가. 내가 뭣을 잘못했다고. 도박, 횡령, 성희롱, 근무 태만, 직무유기, 갑질..., 별의별 생각이 다 들었다.

마음을 진정시키고 혹시 잘못 배달된 것은 아닌지 다시 한 번 조심스레 확인해 보았다. 하지만 요리조리 아무리 봐도 수신자는 분명 나였다. 게다가 노안老眼인 나를 배려하려고 그랬는지 글씨를 20포인트 정도로 큼지막하게 해서 나를 조롱하는 듯했다.

어쨌든 경영목표 달성을 위해 불철주야 애쓰시는 지엄한 분의 깊은 뜻을 받들어 차근차근 다시 읽어 보았다. 요지는 앞으로 똑바로 안 하면 엄중 문책하겠다는 것이었다. 그 후로 내가 똑바로 잘해서 그랬는지, 아

경 고 장

시행번호	0000 - 3		시행일자		0000. 8. 1
경 고 대상자	소 속	직 급	직 명		성 명
	농업박물관	M급	관장		김 재 균
제 목	사업성과 통할·관리의무 소홀에 대한 경고				

○ 귀하는 사무소장으로서 사업성과 등을 통할·관리해야 할 위치에
   있음에도 불구하고.

○ 관리자로서의 책임과 의무를 소홀히 하여 경영목표 달성에 심각한
   차질을 빚고 있어 금차 경고합니다.

○ 향후 성과관리 소홀 지속 시 인사조치 등 엄중 문책할 예정이니
   경영관리 및 사업목표 달성에 최선을 다하여 주시기 바랍니다.

니면 경영목표가 달성돼서 그랬는지는 모르겠으나 엄중 문책은 없었고
엄중 근무는 했다.

　암튼 나는 '책임과 의무 소홀'이라는 만고의 대역죄를 짓고 세계 최
초로? 경고장을 받은 박물관장이 되었다. 입사 30년 동안 여러 상賞을
받아 봤지만, 경고장은 처음이었고, '퇴직이 다가오니 이런 것도 주는구
나'라고 생각하니 왠지 서운한 마음도 들었다.

　경고장을 받게 된 전말은 이랬다. 회사 내 사무소별로 평가를 했는데
박물관도 평가대상이었다. 평가항목에 '관람객 수'가 있었는데, 하필 그
해에 무슨 전염병인가가 창궐해 박물관을 찾는 사람이 대폭 준 것이었
다. 이것이 결국 경영목표 달성에 심각한 차질을 초래했다는 것이었다.

경고장! 안 받았으면 좋았지만, 기왕 받았으니 나는 이를 특별한 경력으로 받아들이기로 했다. 이 경고장은 역사적 관점으로 보면 농협의 업무평가 제도를 엿볼 수 있는 훌륭한 사료요, 개인적 관점으로 보면 숨기고 싶은 수치스러운 자료일 수 있다.

나는 지금도 이 경고장을 잘 보관하고 있다. 언젠가 자랑스럽고 당당하게 농업박물관에 기증할 생각인데, 그렇게 되면 농업박물관 소장 1호 경고장이 된다. 경고장을 받은 나의 기분을 알아보기 위해 그날의 일기장을 뒤져보니 배신, 실망, 사표, 분노, 허탈, 대충격 등 아드레날린을 분비시키는 단어들로 꽉 차 있었다.

금고출 金庫出 이면 예금출 預金出

●●● 온 들판이 푸르게 물들어가는 어느 여름날, 새 금고를 들여놓게 되어 헌 금고를 기증하겠다는 조합으로부터 전화가 왔다. 헌 금고는 매우 오래된 금고라고 했다. 무얼 망설이겠는가. 꾸물대면 손해라는 건 이 바닥에선 상식이다.

이튿날 바로 조합을 찾았다. 세 시간 이상 걸리는 먼 곳이었다. 건물 앞에 주차를 하고 주변을 둘러보니 온통 논밭이었다. 이런 곳에 사무실이 있다니 역시 농촌은 농촌이었다. 바로 옆에는 옥수수가 자라고 있었고 그 옆에는 참깨와 고추가 더위에 시들고 있었다.

건물 앞 도로 건너편 논에는 보가 자리고 있었다. 이앙기로 모내기를 했는데도 줄은 삐뚤빼뚤해 있었다. 초보 농사꾼이 이앙기질을 했나 라고 생각하며 건물 안으로 들어갔다. 건물은 매우 오래된 것 같았다. 일반적으로 보이는 조합 건물이 아닌 좀 특이한 모양이었다. 외벽 색깔도

금고와 금고문

흔히 보지 못한 색이었다.

그 안에 있는 금고 역시 오래되었을 것이라 짐작되었다. 안내를 받아 금고가 있는 곳으로 갔다. 안내 직원 얼굴을 보니 그들도 조금 나이들어 보였다. 여기는 모두 오래된 물건과 사람만 있구나라는 생각을 하니 나도 모르게 웃음이 나왔다.

금고는 오랫동안 많은 사람의 손길과 접촉이 있어서 그런지 손이 닿는 부분은 반질반질 손때가 묻어 있었다. 페인트칠은 벗겨져 있었고 군데군데 녹이 슬어 있었다. 여러 번 옮겨서 그랬는지 모서리 주변엔 부딪친 흔적이 있었다.

금고문을 열어 보니 역시 많은 손길의 흔적이 보였고 돈을 넣어두는 서랍은 고장이 나 있었다. 상표와 글씨 등을 자세히 보니 대략 1945년 전후 제작된 것이었다. 대강의 육안 조사를

금고상표

마치고 운송 방안 등에 대해 협의를 했다. 조합 측에서는 그 지역 운송 업체와 협의해서 구체적 운송 날짜를 알려 주겠다고 했다.

한 열흘쯤 지나 일정이 잡혔다고 연락이 왔다. 박물관 직원들은 들어올 금고를 위해 공간을 확보하고 청소를 하는 등 금고를 맞이할 만반의 준비를 했다. 마치 시집간 딸을 맞이하는 친정아버지처럼 설레는 마음으로 그날을 기다렸다. 드디어 약속된 날이 왔다.

그런데 금고는 오지 않고 낯익은 번호의 전화가 걸려왔다. 금고를 싣지 못했다는 것이었다. 너무 황당하고 허탈했다. 마음을 진정시키고 이유를 물었다. 소장님이 금고를 보내지 말라고 했다는 것이었다. 본인이 자발적으로 기증하겠다고 해놓고, 무엇 때문에 마음이 변했는지 궁금했다. 그 직원은 매우 난감해하면서 우물쭈물, 더듬더듬 말을 했다. 그 직원이 전한 소장의 뜻은 다음과 같았다.

금고 기증을 결정하고 소장이 어느 모임에 갔는데 거기서 누군가 '금고가 나가면 돈이 빠져나간다더라'라는 말을 했는데 그 말을 듣고 기증 철회를 결심했다는 것이었다. 돈통이 빠져나가면 돈도 빠져나갈 것이라는 생각을 한 것이다. '금고출金庫出이면 예금출預金出이라'.

이 말을 듣고 어릴 적 시골에서 겪었던 일이 생각났다. 옛 농촌에는 농한기가 되면 여러 종류의 상인들이 드나들었다. 엿장수를 비롯하여 멸치장수, 젓갈장수, 옷장수 등등. 이들은 주로 지게를 이용해 물건들을 지고 다녔는데, 상인들이 마당에 지게를 내려놓을 때 밖을 향해 놓으면 어른들이 혼을 내곤 했다.

지게는 재물과 복을 나르는 도구인데 밖을 향하면 복이 나간다고 믿었기 때문이다. 그래서 지게를 돌려놓고 들어오라고 한 것이다. 예나 지금이나 재물과 복이 나가는 행위에는 민감한 것 같다.

남편을 기증해도 되나요

박물관도 야근하냐

● ● ●　박물관에서 일하기 전에는 홍보실에서 근무 했었다. 그것도 10년씩이나. 홍보 업무란 것이 각종 언론에 보도되는 회사와 관련된 기사를 점검하고 대처방법을 찾는 일이라 늘 긴장되고 바쁘다. 또한 예측하기 어려운 일들이 수시로 발생해 5분대기조로 불릴 만큼 역동적이다. 이런 이유로 직원들은 홍보 업무를 피하고 싶은 업무로 여긴다.

회사에서는 '3D업종'으로 소문난 업무가 세 가지 있는데, 농민단체, 노동조합, 홍보 업무가 바로 그것이다. 알다시피 3D업종이란 힘들고 Difficult, 더럽고Dirty, 위험한Dangerous 업종을 말하는데, 홍보업무가 이에 해당하는지는 지금도 의문이지만 아마 '을'이라는 약자의 위치에서 힘센 '갑'을 상대해야 하는 업무이기 때문일 것이다.

하지만 나의 경험으로 봐서 홍보 업무가 힘은 조금 들지 모르겠으나 더럽거나, 위험하지는 않다는 것은 분명하다. 그렇다면 '3D'가 아니라 '1D'인 셈이니 너무 기피하지 말지어다. 아무튼 내가 박물관으로 이동한 후 만나는 사람마다 '이제 좀 편한 곳에서 일하게 돼서 좋지요?'라고 묻곤 했다.

내가 10년간 오로지 홍보 업무만 담당해서 그런지 많은 사람이 나를 힘들게 일한 '3D 홍보맨'으로 인식하는 것 같았다. 그런데 이런 사람들의 공통점은 박물관을 막연히 편한 곳 또는 '갑'의 위치에서 일하는 곳으로 생각한다는 것이다. 그러나 알고 보면 박물관은 그리 편한 곳도 아니고, 갑의 위치에 있는 것도 아니다. 정확히는 '을' 중의 '을'이다. 왜냐하면 까다롭고 다양한 욕구와 기대를 가진 관람객들을 상대로 만족할만한 서비스를 제공해야 하기 때문이다. 더군다나 요즘같이 문화소비자들의 요구가 많고 기대 수준이 높을 때는 더욱 힘들다. 이들에게 맞는 박물관 서비스를 제공해야 하고 변화무쌍한 욕구를 충족시키는 것이 그리 쉬운 일은 아니다. 그나마 박물관과 방문객들이 치열한 이해관계자가 아니라는 것이 다행이라면 다행이다.

나는 가끔 야근을 한다. 아무리 여유가 있는 업무라도 직장인이라면 피할 수 없는 게 야근이다. 야근 때는 저녁식사를 위해 구내식당을 찾는데, 거기서 자연스레 다른 직원들과 종종 마주친다. 이럴 땐 가벼운 인사를 하는데, 이들 중 '관장님, 박물관도 야근합니까?'라고 하나마나한 질문을 하는 직원이 있다.

물론 그 질문 속에는 '박물관이 야근까지 할 일이 뭐가 있느냐'라는 은근한 비아냥이 깔려있다는 것을 안다. 그럴 때마다 나는 '네가 박물관 업무를 아느냐?', '네가 게 맛을 좀 아는지는 모르겠지만 박물관 맛은 모르잖느냐?'고 되쏘고 싶은 충동이 일지만 한 번도 그 충동을 표출시킨

남편을 기증해도 되나요

농업박물관 건물 야간모습

적은 없다.

많은 사람이 박물관은 야근을 안 해도 되는 곳쯤으로 생각하는 것 같다. 그저 정시 출근해서 어영부영하다가 '땡'하면 퇴근하는 곳으로 여긴다. 관람객들이 스스로 와서 알아서 보고 가는데, 뭐 그리 할 일이 많겠냐는 것이다. 이러한 인식과 의식의 밑바닥을 굳이 들춰보면 다음과 같은 이유를 찾을 수 있겠다.

첫째, 우리 회사는 다양한 일을 하는 곳이다. 그것도 매우, 아주 매우. 그러다 보니 사무소별 개인별 업무량 편차가 심하고 이질성이 강하다. 따라서 다른 사람의 업무를 평가절하하는 습성이 자연스레 형성되었다고 할 수 있다. 이런 인식은 다른 조직에서도 보편적으로 나타나는 현상이다. 버려야 할 폐습이요 적폐다.

둘째, 박물관 업무는 우리 회사의 주력 업무가 아닌 보조 업무쯤으로 인식돼 있다. 실제로 그렇게 편성돼 있기도 하다. 필수 업무가 아닌 선택 업무인 것이다. 주력 업무는 농민과 직접 관련된 농산물 판매와 농자재 공급, 금융업무 등 농민의 생활과 살림살이에 직결된 일들이다.

이런 업무들은 학교로 치면 국어, 영어, 수학 과목쯤에 해당되고, 박물관 업무는 역사, 문화 과목쯤에 해당된다고 할 수 있다. 이 과목은 옛날 대입 시절, 예비고사에서도 비중없는 과목으로 취급되었을 뿐만 아니라 본고사 과목에는 아예 포함되지도 않은 시답잖은 과목이었다.

더 가관인 것은 학교 때 역사, 문화 선생님을 조금 낮게? 봤듯이, 박물관 근무 직원까지 낮게 본다는 것이다.

셋째, 일반 직원들은 평생 관람객 자격으로만 박물관을 방문했지 박물관에서 일한 적이 없기 때문에 박물관을 단순히 구경하는 곳으로만 생각한다는 것이다. 즉 박물관은 한가로이 관람하는 곳이지 일하는 곳이라고는 생각하지 않는 것이다. 회사 내 대다수 부서들이 주로 농민을 바라보는데, 박물관은 일반 시민, 학부모, 학생들을 바라보고 일하는 것도 큰 차이다.

존경하는 국민 여러분!
그리고 농협 임직원 여러분,
박물관도 야근을 합니다.

남편을 기증해도 되나요

●●● 농민들이 단체로 방문한 적이 있었다. 지방에서 연례행사로 서울을 오는 농민단체 회원들은 보통 농업박물관을 관람하고 주변의 문화유적지나 유원지, 농산물 유통시설 등을 둘러보는 일정으로 하루를 보낸다. 잠시 일손을 내려놓고 휴식의 시간을 가지며 선진 유통시설을 견학하는 것이 주된 목적이다.

이들은 대부분 지방 먼 곳에서 오기 때문에 몸이 지쳐 있는 경우가 많다. 보통 새벽 5시 이전에 기상해서 7시 전후에 집을 나서기 때문에 아침 식사도 제대로 못하고 출발하는 경우가 많다. 그래서 보통 버스에서 간단한 식사를 하는데, 반주飯酒를 곁들이는 경우도 가끔 있다. 아주 가끔.

그러다 보면 자연스레 단체객 중에 취객이 한두 명 생기게 돼 있다. 낮술에 취하면 부모도 몰라본다는데, 새벽 술에 취했으니 오죽하겠는가. 잠에 취하고 술에 취한 상태를 상상해 보시라. 그렇다고 이들을 나무랄 수만은 없다. 모처럼 나들이에 술 좀 마셨기로서니 뭐 그리 잘못된 일인가.

하지만 박물관 도착 후 관람질서는 그렇다 쳐도 이들을 상대로 강의를 해야 하는 경우는 대략난감이다. 멀쩡한 사람에게 하는 것도 녹록한 일이 아닌데, 취객이 포함된 집단은 정말 힘들다.

그날은 부슬부슬 비도 내리고 바람까지 불어 분위기가 을씨년스러웠다. 왁자지껄한 소란과 알콜이 스며든 야릇한 냄새가 나를 불안하게 했다. 진정하고 언뜻 좌석을 둘러보니 100여명 정도가 앉아 있었고, 남녀 비율은 비슷했다.

이들은 오늘 처음 만난 것처럼 서로서로 인사를 했고, 매우 소란스러웠다. 취기가 오른 어떤 남성은 큰 소리로 인사를 했고, 이에 일부 여성들이 이 남성에게 짜증을 부리기도 했다. 나는 우선 주변의 살아가는 이야기, 날씨, 고향 이야기 등 가볍고 흥미로운 주제들로 강의를 시작했다.

강의가 진행되자 취객 때문인지, 피로감 때문인지, 아니면 강의 때문인지 조는 사람이 늘어나기 시작했다. 심지어 코를 고는 소리까지 들렸다. 얼마쯤 지났을까. 들어올 때부터 큰 소리로 얘기하던 술기운이 있던 그 남자가 잠꼬대를 하기 시작했다. 입을 쩝쩝 다시면서 뭐라고 중얼중얼하는데 무슨 말인지는 알 수 없었다. 짐작컨대 농사와 관련된 것이었다.

잠꼬대도 농사를 주제로 하는 것을 보니 천상 농부라는 생각이 들었다. 그런데 음주 잠꼬대라 그런지 혀 꼬부라진 소리로 했다. 강의를 잠시 멈추고 잠꼬대를 듣고 있는데, 취침 중에도 자신에게 시선이 집중되고 있다는 것을 느꼈는지, 깨우지 않았는데도 스스로 깼다. 무안했는지 조용히 경청 모드를 취하고는 주변을 두리번거렸다.

강의를 듣는 조합원들(내용과 무관함)

　나는 애써 이 분을 외면하고 강의를 계속했다. 강의 종료시간이 다가
오자 늘 하던대로 기증 이야기를 했다. 아무래도 이들이 농사 관련 도구
를 많이 가지고 있기 때문이었다. 기증을 하면 여러분이 진정한 농업박
물관의 주인이 되는 것이며 가장 보람된 일을 하는 것이라고 강조하였
다.

　지금 이 박물관에 전시된 유물들도 모두 농민들이 기증한 것들이라
고 했다. 그런데 권유 이야기를 마무리할 즈음에 어느 여성이 손을 번쩍
들었다. 자세히 보니 취객에게 유난히 짜증을 많이 낸 분이었다. 얼굴엔
짜증기가 잔뜩 배어 있었다.

　내가 얘기해 보라고 하자 '남편을 기증하고 싶은데, 남편을 기증해도
되나요?' 하는 것이었다. 웃을 수도 없고 짜증을 낼 수도 없는 상황이었

다. 장내에서는 폭소와 박수가 터져 나왔다. 이 여성은 취객 농민을 보고 남편이 생각난 것 같았고, 이 참에 남편을 기증해 버리고 싶은 충동이 스치면서 장난기가 발동한 것 같았다.

난데없는 기습질문에 잠시 당황하다가 '집에서도 쓸모가 없는 남편인데, 박물관에서 어디 쓸데가 있겠습니까'라고 대답했다. 남편 기증. 만약 진짜로 농민이 기증돼 박물관에 전시된다면 이는 역사상 초유의 사건이며, 전 세계 언론에 소개될 대박 사건임에 틀림없다.

그러나 기증이 된다면 누가 밥을 주고 씻기며 잠은 어디에서 재울 것인가 하는 실없는 상상을 해봤다.

믿기지 않겠지만, 살아있는 사람을 전시한 사례가 실제로 있었다. 19세기 말 프랑스 파리에서 만국박람회가 열렸다. 박람회장에는 식민지인들의 생활상을 그대로 재현해 놓은 식민지관이 있었는데, 여기에 식민지에서 데리고 온 사람을 전시한 것이다. 전시의 목적은 서구인들이 문명과 야만을 구분해 주는 증거물로 활용하기 위한 것이었다. 지금으로서는 상상할 수 없는 천인공노할 야만적 행위이지만 불과 130여 년 전에 이 지구상에서 자행되었다니 놀라울 따름이다.

캐는 호미, 베는 호미

●●● 오래 전에 제주에 발령받아 근무한 적
이 있었다. 그런데 생계형 직장인에게 제주는 아름다운 곳만은 아니라
는 것을 첫 출근 날부터 알게 되었다. 알다시피 제주는 엄연한 대한민국
땅이지만 언어에서부터 육지제주 사람들은 그렇게 부른다와 많은 차이가
난다. 사내에서 회의를 하면 잘 못 알아듣는 경우가 많았다.

그 당시 구성원들은 나를 제외하고는 모두 제주토박이였다. 그래서
그런지 모든 회의나 대화 시 그들의 공식 언어는 '제주 표준어'였다. 그
당시 내가 가장 분간하기 어려웠던 것이 '하라는 것인지 하지 말라는 것
인지' 와 '잘했다는 것인지 잘못했다는 것인지'였다.

판단은 오로지 표정과 분위기로 해야 했는데 다행히도 정확도는 제법
높았던 것으로 기억된다. 언어 문제는 시간이 지나면서 어느 정도 해소
되었지만 완전한 이해는 1년 후 제주도를 떠날 때까지 하지 못했다.

남편을 기증해도 되나요

낫과 호미

　부임 후 두 달쯤 지났을 때였다. 며칠 후 관내 농가에 일손 돕기 지원을 나간다는 것이었다. 일손 돕기는 이전 사무소에서도 여러 번 해 봤기에 낯설지는 않았다. 다만 물설고 말설은 제주에서의 일손 돕기는 처음이었기에 걱정도 되고 흥분도 되었다. 일손 돕기 내용은 유채를 베는 것이라고 했다. 유채는 제주를 여행할 때 꽃으로만 봤지 그것을 벤다는 것은 몰랐기에 유채 수확은 신기하게 느껴졌다.

　이른 봄 제주 천지를 노랗게 물들이는 유채는 꽃이 지고 그 자리에 열매를 맺는다. 열매는 기름을 짜는데 그것이 유채기름이다. 유채기름은 혈관 노폐물을 배출해 주는 효능이 있어 심장 질환에 좋다고 한다. 오메가3와 오메가6가 풍부해 중성지방 수치를 낮춰주고 동맥경화를 예방해 준다고 알려져 있는 기름이다.

　이윽고 행사 날이 다가왔다. 전날 사무소장이 담당자에게 내일 행사 준비를 잘 하라며 장갑, 생수, 노끈, 모자, 그리고 호미 20자루를 챙기라고 했다. 순간 나는 조금 의아하게 생각했다. 왜 호미를 챙기지? 유채를 벤다고 했는데. 호미로 벤다고? 호미는 무엇을 캐거나 흙을 뒤집거나 풀을 뽑을 때 쓰는 도구인데, 호미로 어떻게 벤다는 거지? 궁금증은 커졌지만, 딱히 물어보기도 어색했다. 나는 오히려 '아, 제주에서는 캐는 걸 벤다고 하는 모양이다'라고 나름의 해석을 했다.

나를 비롯한 직원들은 버스로 이동했고 작업 도구를 챙긴 감독직원은 승용차로 이동했다. 어쨌든 유채밭에 도착했다. 6월경이었는데 노란 유채꽃은 없고 누런 유채 열매가 달려 있었다. 줄기는 어른 키보다 큰 것도 있었다.

감독직원은 자신의 승용차 트렁크를 열고 준비한 물건들을 꺼내기 시작했다. 그런데 호미는 없고 낫 20여 자루가 나오는 것이었다. 분명 호미라고 했었는데. 혹시 내가 잘못 들었었나 하고 의심까지 했다.

나는 궁금해서 참을 수가 없었다. 어제 분명 호미 챙기라고 했는데 왜 낫입니까? 그제야 육지 출신인 나를 의식한 듯 '제주에서는 낫을 호미라고 하우다'하는 것이었다. 예? 순간 호미걸이로 되치기 당한 것처럼 머리가 띵했다. 그럼 '호미는 뭐라 합니까?', '골갱이라고 하우다'. 그럼 '낫이라는 이름은 없습니까?', '있수다. 일반적인 낫은 호미라 하고, 낫

이라고 부르는 것은 자루가 긴 낫일명 장낫을 의미하우다.'

　이를 확인하기 위해 제주의 박물관들을 찾아가 보았다. 낫처럼 생긴 전시물 앞에 이름표가 있었는데, '굴갱이호미, 호미의 제주도 방언이다.' 이렇게 적혀 있었다. 그리고 보니 골목에서 채소 파는 상인의 호객방송 소리를 들은 적이 있었다. '감저가 왔습니다. 한 상자에 5천원'. 그래서 감자를 사려고 갔는데 트럭에는 감자는 없고 고구마가 있었다. 감자 사라고 해놓고 왠 고구마냐고 물었더니 제주에서는 고구마를 감저라 한다고 했다. 그럼 감자는 뭐냐고 물었더니 '지슬'이라고 했다.

　따지고 보면 '감저보'가 고구마 재배법을 소개한 것이니 감저가 고구마인 것은 맞는 말일 수 있다. 그럼 지슬은? 지슬은 지실地實에서 온 말인데 '땅에서 나는 열매'라는 뜻이라고 제주토박이가 설명해 주었다. 맞는지는 모르겠다. 몇 해 전 제주 역사를 다룬 영화 '지슬'이 상영된 적도 있었다. 앞으로 제주 가믄 굴갱이로 캔 지슬을 호미로 벤 유채에서 나온 기름에 튀겨 맨도롱 또똣할 때 먹어볼 지어다. 후식으론 감저를 호미로 깎아서 먹고.

가파도 유채밭

4장

알쓸농잡
알고보면 쓸만한 농업 잡학사전

서울의 농사 흔적들

   ●●● 서울하고도 강남구, 강남구하고도 압구
정동에서 소가 쟁기질하는 사진을 본 적이 있다. 1978년 촬영했다고 알
려진 이 사진 속에는 압구정 현대아파트가 보이고 소가 쟁기 끄는 모습
이 있다. 아파트 주변으로는 대규모 밭도 보인다.

  지금 상황에서는 상상하기 어렵겠지만 1970년대까지만 해도 강남에
는 농경지가 많았다. 실제 지금의 역삼동에서 대규모 농지를 보유했던
지인의 얘기를 들어보면 주변이 대부분 농지였고 매년 정월대보름날 풍
년기원 제사를 지냈다는 것이다. 이처럼 서울은 오랜 세월 동안 농촌이
있고, 그 흔적들은 지금도 곳곳에 남아 있다.

  송파구 잠실蠶室과 서초구 잠원蠶院은 대규모 뽕나무밭이 있어서 붙
여진 이름이다. 이곳에는 조선 시대 양잠 장려정책으로 대규모 뽕밭이
조성된 곳이다. 그 당시에는 지금의 잠실을 중심으로 동서남북 네 곳에

잠원 뽕나무와 뽕나무 표지석

잠실을 둘만큼 양잠이 성행했다.

잠원은 잠실과 구분하기 위해 지은 이름이다. 이곳은 1963년 이전까지는 경기도 시흥군 신동면 잠실리였으나 이후 서울시 편입으로 동명이 잠원동으로 바뀌었다. 서초구 잠원동 한신아파트 16차 120동 주차장 한켠에는 서울시 지방기념물 1호인 '잠실리 뽕나무'가 있다.

1982년 아파트 공사 당시 이 뽕나무를 철거하지 않고 보존한 것이 다행이다. 이 뽕나무는 현재 고사된 상태이나 주변에 대한잠사회가 심은 뽕나무들 잎이 무성하게 자라서 오디도 주렁주렁 열리고 있다.

잠실 뽕나무는 조선 성종 때 학자인 성현이 쓴 〈용재총화〉에 한강 건너편에 신잠실이 있었다고 하니 이 무렵 심은 것으로 추정된다. 지금은 사라진 여의도 밤섬도 조선 시대까지만 해도 뽕밭이었다. 지금은 섬도 뽕밭도 흔적없이 사라져 아쉽다. 그 당시 사람이 거주하고 농사짓던 밤섬은 사라졌지만 그 자리에 모래가 쌓여 섬이 생겼는데, 흔히 이를 밤섬이라 부른다.

남편을 기증해도 되나요

성북구에는 누에신에게 양잠 농업 풍년을 기원하는 제사를 지낸 제단인 선잠단이 있고 동대문구 제기동에는 선농단이 있다. 인간에게 농사를 가르쳐 준 신농씨와 후직씨를 주신으로 제사지내던 곳이다.

조선 시대 역대 임금들은 이곳에서 풍년을 기원하며 제사를 지냈다. 제사 후 적전에서 왕이 친히 밭을 갈며 백성들에게 농사의 시작을 알렸다. 이를 통해 백성들에게 농사의 소중함을 일깨우고 권농에 힘쓰도록 한 것이다. 전통 농경문화의 상징적 유적이다.

선농단 친경 행사는 순종 3년1909년을 마지막으로 폐지되었다. 이후 1979년 뜻있는 마을주민이 복원해 제를 올리기 시작했으며, 1992년 동대문구가 주축이 되어 매년 곡우 전후로 국가의례 형식으로 제를 지내고 있다. 물론 선잠단과 선농단 같은 제사 시설들이 농사의 직접적 흔적이라고 할 수는 없다. 다만 이를 통해 국가 차원에서 농업을 장려한 것을 알 수 있다.

지금의 학동역에서 언주역으로 넘어가는 언덕을 예전에는 논고개라

선농제향 후 모내기 행사

고 불렀다. 논현성당 앞 도로변에 '논고개' 표지석이 있는데, 이 논고개의 '논'을 그대로 차음하고, 고개는 한자 '峴'으로 바꿔 논현동이 되었다.

'논고개' 표지석에는 '조선 말기까지 경기도 광주군 언주면 논현리라고 불렸던 이곳은 경기도 광주군 신동면과 접하는 곳으로 마루턱이 높은 고개였다. 현재 영동우체국에서 반포아파트까지는 산골짜기가 이어져 있었고 그 좌우로 펼쳐진 너른 들판에 논이 많다고 하여 논고개라 불렸다'고 적혀 있다.

예전에는 이 고개 아래 논고개마을이 있었고 현재 논현동의 동명도 여기에서 유래되었다. 이곳은 1960년대 말까지 논과 밭이 많은 전형적인 농촌모습이었다. 그런데 논고개를 한자명으로 바꾸면서 답현동畓峴洞으로 하지 않고, 한글 '논'을 살린 것이 기특하고 신기하다. 이왕 살리려고 했으면 '고개'도 살려 '논고개동'으로 했으면 더욱 좋았을 것이라는 생각이 든다.

구로구 가리봉동 '거능개논', 서초구 방배동 '골논', '구레논', 강서구 염창동 '계명논', 공항동 '공세논', 오곡동 '대논' 등 논 이름을 가진 곳이 여러 곳에 있었다. 이 밖에 성북구 성북동 60번지 논골마을, 서대문구 홍은동 백련산 밑 논굴마을畓洞, 성동구 금호동1가 논꼴마을 등도 모두 논이 있었던 동네다.

강서구 내발산동과 가양동 경계에 있는 논을 '새개'라 하였는데, 천수답을 수리답으로 만들어 새로 생긴 완전한 논이라는 뜻에서 유래되었다. 안굿논은 강서구 공항동 누렝이방죽 안쪽들에 있는 논이라는 뜻이다.

종로구 궁정동에는 팔도배미라는 논이 있었는데, 우리나라 8도의 모양을 따라 여덟배미의 논을 만들어 임금이 직접 농사를 지었다고 한다.

논고개와 표지석

강서구 화곡동은 벼농사가 잘 되는 마을이라 볏골로 부르던 것을 한자로 '禾谷洞'으로 했다. 강서구 마곡동은 삼을 많이 심었던 동네다.

종로구 권농동은 채소 재배를 권장하는 농포서農圃署가 있어서 불려진 이름이고, 종로구 신문로2가 7번지 일대에는 채소를 가꾸는 농포가 있어서 농포동이라 했다. 동대문구 전농동은 왕이 직접 경작하던 적전이 있던 데서 유래되었다.

도봉구 창5동 일대에는 바라기들 마을이 있었는데 농사짓는데 물이 적어 날이 가물면 하늘만 바라보고 있었다는 데서 유래되었다.

서울이 지금은 완전히 도시로 변모해 변변한 밭뙈기 하나도 찾기가 어렵지만, 지명을 통해서나마 오랫동안 농사를 지어 왔다는 것을 어렴풋이 알 수 있다. 고맙고 반가운 일이다.

농기구 지명들

●●● 우리나라는 국토의 70%가 산악지대다. 그래서 현재 있는 곳 어디에서나 사방을 둘러보면 산이 보일 것이다. 어느 산이나 고유의 이름이 있지만, 같은 이름이 여러 산, 여러 지역에 중복되는 경우도 많다. 조사에 의하면 백운산이라는 이름을 가진 산이 전국에 32개나 된다고 한다.

산 이름은 전체를 의미하지만 부분마다 부르는 이름이 따로 있는 경우도 많다. 북한산의 경우 백운대, 의상봉, 인수봉, 보현봉, 칼바위능선 등 부분별로 여러 명칭이 있다. 그런데 산이나 바위, 마을, 땅이름 등에 농기구와 관련된 이름을 많이 볼 수 있다. 산의 모양새나 전설 등과 관련하여 붙여진 이름들이다.

서울 금천구 시흥동에는 쟁기바위가 있었는데, 바위 모양이 쟁기날인 보습을 닮았다고 해서 불렀던 이름이다. 〈서울지명사전〉의 기록을

남편을 기증해도 되나요

보면 일명 보습바위라고도 했다. 대전시 서구에는 주먹산이라고도 하는 쟁기봉이 있는데, 쟁기를 닮았다 한다. 쟁기는 논밭을 가는 도구인데, 흔하게 사용된 농기구라 흔하게 붙인 것 같다.

쟁기질하고 난 후에는 덩어리진 쟁기밥을 부드럽게 부수어야 하는데, 이때 쓰는 도구가 써레다. 안동시 옥동에는 써레골이 있다. 마을 지형이 써레를 닮았다 한다. 정읍 내장산과 산청군 시천면 중산리, 완주군 구이면에도 써레봉서래봉, 써래봉 등 표기는 조금씩 다르다이 있다. 화순군 도암면에는 써레바위가 있다.

지게는 농촌에서 짐을 지고 나를 때 요긴하게 쓰는 도구이다. 기장군 장안읍 좌동리에는 지게고개가 있는데, 고개 모양이 지게처럼 생겼다 해서 그렇게 부른다. 영양군 수비면에는 지게바위가 있는데, 산에

내장산 서래봉

제4장 알쏭농잡

울진 바지게 시장

서 나무를 한 짐하고 내려오다가 지게를 잠시 내려놓고 쉬어가는 바위다. 광주광역시 동구 용연동에는 바위 모양이 지게처럼 생긴 지게바위가 있다.

울진군에는 선질꾼바지게꾼들이 울진, 봉화 12령을 넘어 시장 물건을 날랐던 바지게 시장이 있다. 여기서 바지게는 가지가 달리지 않은 지게로 가파른 산길을 걸을 때 편리하다. 주로 강원 고성, 양양, 삼척, 경북 울진, 봉화 등에서 등짐 장수들이 많이 사용하였다.

소를 이용해 짐을 운반할 때 짐을 담을 도구가 필요한데, 옹구, 걸채, 발채와 달구지가 이에 해당한다. 그런데 이런 도구는 바로 소 등에 얹을 수 없으므로 먼저 길마를 얹고 그 위에 이 도구들을 얹어 짐을 싣게 된다. 따라서 짐을 싣기 위해서는 반드시 길마가 있어야 한다.

남편을 기증해도 되나요

공주시 우성면 도천리와 옥성리 사이에는 질마고개가 있다. 고개 모양이 길마처럼 생겼다. 평택시 진위면과 가평군 조종면에도 길마고개가 있다. 고창군 부안면 선운리에서 오산리로 넘어가는 고개는 질마재인데, 서정주의 작품 속에 많이 등장하면서 유명해진 고개이다. 상주시 외남면 안령마을에도 질매재가 있다

진천군 초평면 금곡리 서원마을에서 쓰레골로 넘어가는 곳에도 질마고개가 있다. 청주시 상당구 주중동의 양선이마을에서 오동동으로 넘어갈 때도 질마고개를 넘어야 한다. 수원 광교에서 용인 방면으로 가는 도로에는 질마재 터널이 있다. 괴산군 청안면 문방리 백두대간에는 질마재 생태축이 있다. 질마는 길마의 방언이다.

서대문구 독립공원 뒤 안산鞍山은 무악의 두 봉우리 중간이 오목하여 말안장 같다 하여 붙여진 이름이다. 소의 윗목에 얹어 달구지 등과 연결하는 도구가 멍에다. 한강 여의도 옆에는 밤섬이 있었는데, 옛 문헌에 이 섬을 율주, 혹은 가산駕山이라고도 했다. 가산의 '가駕'는 곧 멍에를 뜻하는데, 아마 이 섬이 멍에를 닮아서 그렇게 불렀던 것 같다. 전남 강진에 있는 가우도駕牛島는 지형이 멍에에 해당한다 해서 부르는 이름이다.

농촌에서 풀이나 나무 등을 벨 때 꼭 필요한 것이 낫이다. 고령군 대가야읍 신리는 마을 산기슭이 낫 모양으로 생겨서 낫골이라 하는데, 이를 한자로 겸동鎌洞이라 한다. 군위군 소보면 평호리를 '낫거리'라 하는데, 마을이 낫처럼 생겼다 해서 그렇게 부른다.

우리나라 산에는 베틀과 관련된 이름이 유난히 많은데, 베를 짰다는 이야기가 전해오는 곳이거나 베틀을 닮았다는 곳이다. 영암 월출산 구정봉 아래에는 베틀굴이 있는데, 임진왜란 때 이 근방에 사는 여인들이 난을 피해 이곳에 숨어서 베를 짰다는 전설이 전해오는 굴이다.

월출산 베틀굴

두타산 베틀바위

남편을 기증해도 되나요

강원도 동해시 두타산에는 베틀을 닮은 절경의 베틀바위가 있다. 이 밖에 의령 가례면, 아산 송악면, 예산군 대술면 송석리, 완주 운주면, 밀양 산내면에도 베틀바위가 있는데, 모두 베틀을 닮은 곳이다. 보성군 겸백면 금화산 베틀바위는 바위굴에서 베를 짰다는 이야기가 전해오는 곳이다.

전북 장수군 계남면에는 통통바위가 있는데 이 바위에서 밤낮으로 통통거리며 베짜는 소리가 났다고 해서 그렇게 부른다. 달성군 주암산에는 '옥낭각시베짜는바위'가 있는데, 순우리말 지명으로는 가장 긴 곳이다. 진주 수곡면에 있는 베틀바위는 바위틈에 돌을 넣으면 덜거덕거리며 베 짜는 소리가 난다고 한다.

경북 의성읍 치선리 선암마을에는 왕비가 된 효녀 전설이 내려오는 베틀바위가 있다. 청송과 포항에 걸쳐있는 면봉산에는 베틀봉이 있는데, 베틀봉은 전국에 부지기수로 많다.

충북 영동군 학산면 서산鋤山리는 마을 지형이 호미처럼 생겨서 호미실이라 한 것을 한자로 한 것이다. 제천시 청풍면 연론리는 마을 앞의 산이 호미처럼 생겨서 호미실이라고 한다. 강진군 강진읍 서산鋤山리도 호미 닮은 산이 있어 지어진 이름이다.

달성군 다사읍 서재鋤齋리는 호미와 직접적 연관은 없으며 서재鋤齋 도여유의 호에서 따온 이름이고, 포항시 구룡포에 있는 호미곶도 호미鋤와는 관련이 없다. 지형이 호랑이 꼬리虎尾에 해당하는 곳이다.

동해시 최고의 관광지인 '논골담길'은 논골마을이 있었던 곳인데, 논골은 골목길이 논처럼 질퍽거린 데서 유래되었다. 즉 실제 논이 아니고 골목에 물이 많아 논 같다는 뜻이다.

제천시 수산면 적곡리는 적곡천과 수곡천이 만나는 모양이 농기구

• 안반

가래를 닮아서 가래골이라 한다.
시흥시 군자동, 가평 설악, 봉화
군 내성리에도 가래마을이 있다.
진해에는 소쿠리 닮은 소쿠리섬
도 있다. 종로구 관철동에 있는
괭잇골은 골목이 괭이처럼 생겨서, 중구 삼각동에 있던 보습곶이마을은
지형이 보습처럼 생겨서 부르던 이름이다.
　청주에는 정봉동이 있는데, 지형이 고무래 丁자처럼 생긴 정봉丁峰이

남편을 기증해도 되나요

있어서 지어진 이름이다. 강릉의 안반데기는 지형이 떡을 칠 때 쓰던 넓적한 나무 판인 안반을 닮아서 그렇게 부른다. 여기에는 멍에전망대도 있다.

　이밖에도 농기구 이름이 들어간 지명은 수없이 많다. 농기구 지명을 조사하면서 이 땅에 농기구가 없었으면 이름을 어떻게 지었을까 하고 쓸데없는 상상도 해 봤다. 아무튼 우리의 농기구는 농사만 짓는데 쓰인 것은 아니었다.

강릉 안반데기

제4장 알뜰농잡

조선의 온실

●●● 조선 시대에도 온실이 있었다. 아니 있었다고 한다. 여기서 '한다'라고 한 것은 내가 직접 보지 않았다는 뜻이다. 온실溫室은 말 그대로 따뜻한 방이다. 겨울철 실내를 따뜻하게 해서 무엇을 재배한 곳이다.

전기도 없고 유리나 비닐도 없던 시절에 어떻게 온실을 만들었을까. 그 의문은 조선의 온실을 기록한 '산가요록山家要錄'이라는 책을 통해 풀 수 있다. 이 책은 조선 초기인 1450년 의관 전순의가 썼다. 이 책이 발견된 경위가 흥미롭다. 2001년 청계천의 고서점 폐지 더미 속에서 우연히 발견되었다.

아주 낡아 앞부분과 뒷부분은 심하게 훼손돼 있었고 다행히 가운데 부분은 온전히 남아 있었다. 내용과 편찬 연대를 통해 우리나라 최초의 조리서로 밝혀졌는데 이전의 '수운잡방'보다 80년이나 앞선 기록이다.

남편을 기증해도 되나요

묵서 반흘림체 한자 필사본
으로 면당 12행, 행당 40자
내외로 빽빽하게 적혀 있다.

백성들의 생활에 필요한
작물, 원예, 축산, 양잠, 식품
등을 망라한 종합 농서로 과
수, 채소, 염료, 가축 등 28
면, 식품 47면, 염색 2면 등
모두 77면으로 구성돼 있다.
이 책에서 가장 주목할 부분
은 바로 온실 설계법이다. 겨

산가요록 동절양채편 원문

울철 채소 재배하기라는 뜻의 '동절양채冬節養菜' 항목에 온실 설치하는
법을 자세히 기록하고 있다. 원문을 그대로 옮겨 본다.

造家大小任意　三面築蔽　塗紙油之　南面皆作箭窓　塗紙油之

조가대소임의　삼면축폐　도지유지　남면개작전창　도지유지

造突　勿令煙生　突上積土一尺半許　春菜皆可栽植

조돌　물영연생　돌상적토일척반허　춘채개가재식

朝夕令溫　勿使入風氣　天極寒則　厚編飛介掩窓　日暖時則　撤去

조석영온　물사입풍기　천극한즉　후편비개엄창　일난시즉 철거

日日洒水　如露房內　常令溫和有潤氣　勿令土白乾

일일세수　여로방내　상령온화유윤기　물령토백건

又云　作因於築外　掛釜於壁內　朝夕使釜中水氣　薰遍房內

우운 작인어축외　괘부어벽내　조석사부중수기　훈편방내

집을 지을 때 크기는 마음대로 하되 삼면을 막고 종이를 발라 기름칠을
하며 남쪽면은 창살창을 만들어 종이를 바르고 기름칠을 한다
온돌을 놓고 연기가 나지 않게 하고 온돌 위에 한자반 가량의 흙을
쌓고 봄채소를 심는다
아침저녁으로 항상 따뜻하게 하고 바람이 들지 않게 하되 날씨가
매우 추우면 거적을 두텁게 하여 창을 가리고 날씨가 따뜻하면 철거한다
날마다 물을 뿌려 주어 방안에 이슬이 맺히게 해주고 항상 따뜻하고
축축하게 해주어 흙이 하얗게 마르지 않게 한다
굴뚝은 벽밖에 만들고 가마솥은 벽 안쪽에 걸어 놓고서 아침저녁으로
가마솥에서 나는 수증기가 방안을 두루 퍼지게 한다

원문은 세로 3줄에 112자가 전부다. 비록 글자 수는 많지 않으나 내
용은 충격적이다. 기록대로라면 유럽의 온실보다 최소 170년이나 앞선

강화도 농경문화원에 있는 온실

남편을 기증해도 되나요

기록이다. 세계 최초의 온실인 것이다. 더 놀라운 것은 그 구조가 너무 과학적이라는 것이다. 예를 들면 큰 물방울은 막고 안에서 생긴 작은 수증기 입자는 밖으로 빠져나갈 수 있게 한지에 기름을 먹였다는 것이다. 요즘으로 치면 일종의 '고어텍스' 기능인 셈이다. 바닥은 온돌방식을 이용, 흙의 온도를 25도로 유지하고 가마솥에 물을 끓여 습도를 조절했다. 고도의 과학적 방법이다.

　이 기록이 발견되고 나서 책의 기록대로 온실을 설치해 채소를 재배해 보자는 의견이 많았다. 그래서 기록에 충실하게 온실을 만들고 온실 안에 채소를 심었다. 결론은 채소가 잘 자랐다. 허구가 아니었다. 하지만 안타깝게도 이 놀라운 기술은 후세에 전해지지 않고 슬그머니 사라지고 말았다. 만약 선해졌더라면 오늘날의 비닐하우스와 유리온실, 스마트팜 시설이 더 빨리, 더 기술적으로 발전했을지도 모른다.

망종芒種 넘은 보리

   ●●● 옛말에 '망종 넘은 보리'라는 말이 있다. 망종이 지나면 보리가 쓰러지고 수확량이 줄면서 그 가치가 떨어진다는 뜻이다. 그래서 속담에 '보리는 망종 사흘 전까지 베라'고 했다. '때'의 중요성을 강조한 것이다.

   정조의 어록을 모은 〈일득록〉에는 '세상에는 다 때가 있다'는 말이 나온다. 이처럼 세상의 일이나 무슨 결정에는 다 때가 있는 법이며 때를 놓치면 비록 실행하더라도 본래의 목적을 달성할 수 없다는 교훈을 주고 있다. 특히 자연의 영향을 많이 받는 농사일에는 '때'가 무엇보다 중요하다.

   그래서 우리 조상들은 자연의 변화를 살펴서 농사의 최적기를 정해 놓고 때맞춰 일을 해왔다. 일종의 '농사 골든타임'인 것이다. 각 절기를 중요한 농사기준으로 삼아, 때에 맞는 농사일을 정했다. 예를 들면 곡우

남편을 기증해도 되나요

붉은 아카시아 꽃

때는 종자를 살피고, 입하 때는 들깨를 심고, 소만 때는 모를 심는다는
식이다.

　민간속담에 있는 '아카시아 꽃이 피면 깨를 파종하라'도 자연의 변화
에서 터득한 지혜이다. 농사하고는 좀 다르지만, 심지어 서리과일. 가축
등을 훔쳐 먹는 장난의 때를 알려주는 속담도 있다. '육칠월에는 외서리,
칠팔월에는 콩서리, 구시월에는 감서리'라 하여 곡식의 서리 적기를 알
려주고 있다.

　24절기 중 아홉 번째 절기인 '망종芒種'은 유난히 농사의 때와 관련
된 것들이 많다. 망종의 '망'은 벼나 보리처럼 까끄라기를 말하며 '송'은
그러한 작물을 뜻한다. 곧 밀. 보리를 수확하고 벼를 심을 때라는 것이
다. 수확과 파종일이 겹치니 농가에서는 이때가 일 년 중 가장 바쁜 때

이고, 더 이상 늦출 수 없는 파종의 데드라인으로 매우 중요한 시기이기도 하다.

망종이 파종의 중요한 시점이라는 것은 역사적 기록에도 많이 나온다.

〈태종실록〉 16년1416 4월 11일 계유기사에 '농사일이 바야흐로 성하니, 각도 각 고을에게 지시하여 망종 절기 전에 백성을 독려하여 종자 심기를 끝내고 늦추지 말게 하라'고 하였으며, 〈성종실록〉 5년 4월 10일에는 '지금 망종 철이 닥쳐왔으니, 마땅히 제때에 파종을 해야 한다'고 기록돼 있다.

〈세조실록〉 5년 4월 29일에는 경기관찰사 김연지에게 유시하기를 '망종이 이미 지났는데도 파종하지 않고 그대로 있으니, 이것은 작은 일이 아니다. 경은 그 이유를 자세히 알아서 아뢰어라'는 기록으로 봐서 역대 임금도 망종을 파종의 데드라인으로 인식하고 있었으며, 〈인조실록〉 12년 12월 19일에는 '금년 봄과 여름에 가뭄이 극심해 망종이 지난 뒤에야 겨우 파종하였으므로 결실이 제대로 되지 못했다'는 것으로 봐서 망종 후 파종하면 농사가 안된다는 것을 유추해 볼 수 있다. 그리고 보니 옛 민초들이 경험으로 만들어 놓은 속담과 경구만 잘 따라도 농사의 절반은 지은 셈이다.

소牛에 관한 소소한 이야기

●●● 기원전 6천 년경 서남아시아와 인도에서 인간에 의해 길들여져 가축화된 소는 인간에게 농업노동력을 제공해 준 고마운 동물이다. 따라서 농업국가인 우리에게는 가족과 같은 존재였다. 우리나라에서 소의 흔적이 처음으로 발견된 곳은 김해시 회현리 패총이다. 기원 전후 유적으로 알려진 이 패총에서 소 유골이 출토되었다.

역사적 기록으로는 황해도 안악의 고구려 시대 무덤인 안악3호 고분의 벽화가 있다. 이 벽화에 검은소, 누런소, 얼룩소가 그려져 있다. 중국 지안시에 있는 고구려 고분 오회분 5호묘에는 소를 농업의 신으로 묘사하고 있다.

〈삼국사기〉에는 신라 눌지왕 22년438년에 소로 수레 끄는 법을 백성에게 가르쳤다는 기록이 있고, 지증왕 3년502년에는 소를 이용해 처음으로 논밭을 갈았다는 기록도 있다. 충남 아산시 갈매리 유적에서는 소에 쓰였던 것으로 보이는 멍에 모양의 도구가 출토되기도 했다. 개성공단지역 발굴에서는 쇠로 만든 소가 출토되기도 했다.

오랜 역사만큼이나 우리나라 소韓牛에는 다양한 품종이 있다. 최초의 양우서養牛書라 할 수 있는 〈신편우의방新編牛醫方〉에는 한우를 색깔별로 黃牛, 黑牛, 白牛, 犁牛얼룩소 등으로 분류하고 있으며, 조선 시대 수의학서인 〈신편집성마의방우의방〉에서는 칡소, 흑우, 백우, 청우, 황우 등 여러 색깔의 한우를 소개하고 있다. 정지용의 시 '향수'에 등장하는 얼룩배기 황소는 호랑이 가죽 무늬를 한 호반우虎斑牛라는 주장도 있다.

소와 관련된 일화나 설화 등도 많이 전해져 내려오는데, 전래동화 '소가 된 게으름뱅이'는 소의 탈을 쓰고 소가 된 게으름뱅이가 무를 먹고 다시 인간이 되었다는 이야기이다. 게으른 사람에게 소를 통해 부지런함과 성실함을 깨우쳐 주는 교훈적 동화이다.

황희 정승의 '검정소 누렁소' 이야기도 많이 알려져 있다. 정승이 길을 가다가 밭을 가는 두 마리의 소를 보고 농부에게 어느 소가 일을 더 잘 하느냐고 묻자 농부는 소가 들을 수 없게 귓속말로 대답했다는 내용인데, 말 한마디도 신중해야 한다는 교훈을 준 이야기이다.

경북 구미에는 문화재로 지정된 소 무덤인 의우총이 있다. 호랑이가 주인을 위협하자 호랑이를 물리치고 죽은 소를 위로하는 무덤이다. 경북 상주시에도 의우총義牛塚이 있는데, 소가 자신을 정성껏 보살피고 사랑을 주던 할머니가 돌아가시자, 할머니 묘소를 찾아가 눈물을 흘리고 슬퍼했다 해서 의로운 소로 명명하고 무덤을 만들었다. 전남 화순에도 의우총이 있다.

울릉도 부속섬 죽도에는 소가 살아서 들어가서 반드시 죽어서 나온

소가 죽어서 나온다는 울릉도 죽도

다는 말이 있다. 송아지를 지고 들어가서 어미 소가 되면 도살해서 배에 싣고 나온다고 해서 생긴 이야기이다.

해남 미황사에는 황소 전설이 전해지는데, 미황사 사적기에 검은 돌을 실은 배가 뭍에 오르자 황소를 토해냈다고 한다. 제천 무암사, 문경 대승사에는 절 창건에 공을 세운 소를 기리기 위한 우부도牛浮屠가 있다. 제천 덕주사, 공주 갑사에 역시 소의 공을 기리는 공우탑이 있다. 봉화 청량사에는 삼각우총이 있다.

우리나라 최초의 가축보험이 소였을 정도로 소는 보배 같은 존재였다. 씨름대회에서 우승상품으로 황소를 증정했는데, 그만큼 소는 경제적, 심리적 가치가 으뜸이었다. 제주 흑우는 2013년 문화재청에서 천연기념물 제546호로 지정돼 보호받고 있다.

속담 '바늘도둑이 소도둑 된다'에서 소도둑은 큰 도둑을 의미했으며, '소 잃고 외양간 고친다'는 말은 어리석음을 비유한 속담이다. '빈집에 소 들어간다'는 큰 행운이 갑자기 생기는 경우 하는 말이다. 서로에게 무관심한 관계를 '소 닭 보듯 한다'고 하며, '쇠귀에 경 읽기'는 아무 효과가 없다는 뜻. 아주 센 고집을 '황소고집'이라 하며, 뻔히 틀린 것을

제천 덕주사 공우탑(좌)과 제천 무암사 우부도(우) _ 사진 제공 이진형

알면서도 자기의 주장을 굽히지 않는 것을 '쇠코를 제 코라고 우긴다'고 한다.

'소 같이 벌어서 쥐 같이 먹는다'는 것은 소처럼 열심히 일하고 쥐가 먹듯이 아껴 쓰라는 뜻. '소 뒷걸음치다가 쥐잡기'는 우연히 운 좋게 좋은 일이 생기는 경우를 말한다. 이밖에 '쇠뿔도 단김에 빼라', '못된 송아지 엉덩이에 뿔난다', '꼬리 없는 소가 남의 등에 파리 쫓겠다고 한다', '소는 말이 없어도 열두 가지 덕이 있다', '겨울 소 값은 떨어지고 봄 소 값은 오른다', '겨울 소 팔자다', '길마 무거워 소 드러누울까', '새끼 많이 둔 소 길마 벗을 날 없다', '소는 송아지 아홉 마리나 낳아도 멍에를 벗을 수 없다', '한 소에 두 길마를 지울까', '며느리는 소 잘되는 집에서 얻어라', '소 말뚝은 깊게 박고 모는 얕게 심는다', '자식 없어도 농사 지을 수 있지만 소 없이는 농사 못 짓는다'. 이처럼 소와 관련된 속담은 수없이 많다. 주로 교훈적 의미를 담고 있다.

북한에서는 상대를 비하할 때 '삶은 소대가리'에 비유하기도 한다. 우

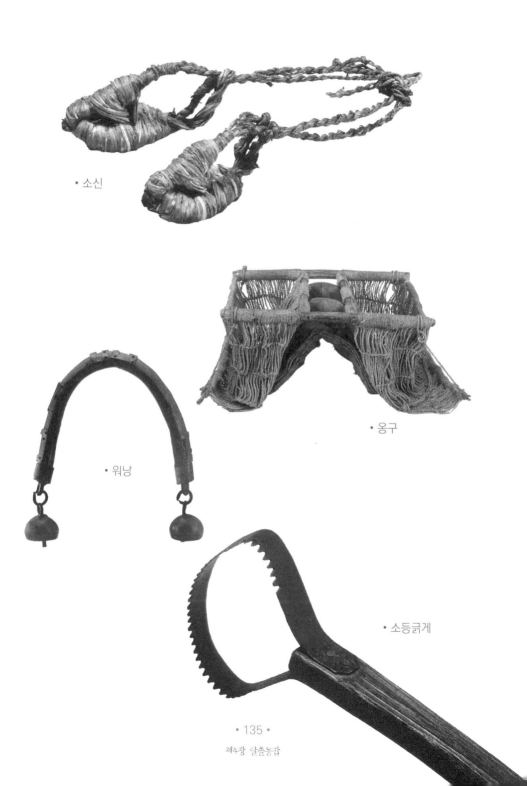

• 소신

• 옹구

• 워낭

• 소등긁게

리에게 지혜와 교훈을 주는 소와 관련된 사자성어도 많은데, 소와 말이 물에 떠내려가면 소는 살고 말은 죽는다는 '우생마사牛生馬死'는 겸손과 순응의 가르침을 주고 있다. '호시우행虎視牛行', '우보천리牛步千里'는 소의 끈기와 성실의 정신을 알리고 있다.

일본 최대 한자사전인 〈대한화사전大漢和辭典〉에는 소 우牛변이 들어 가는 한자가 무려 311자나 나온다. 동물의 암수를 뜻하는 모빈牡牝, 수 컷 모, 암컷 빈에도 소우변이 있는 것으로 봐서 예부터 소가 대표적 동물 이었던 것 같다. 이 외에도 소와 연관된 많은 속담, 사자성어들이 있지 만 모두를 열거할 순 없다. 그렇다고 억지로 하겠다고 우기지도 않겠다. 자칫 '소도 웃을 일'이 될지도 모르니까.

소를 이용해 일을 하자면 일할 수 있는 도구를 소에 장착해야 했다. 일의 종류에 따라 쓰인 도구도 참 다양하다. 논에 모를 심기 위해서는 쟁기로 갈고, 써레로 흙덩이를 부수고, 번지로 논의 수평을 맞춰야 한 다. 후치는 밭을 갈거나 밭의 고랑을 탈 때 쓴다.

물건을 옮길 때도 소를 사용했는데 소등에 길마를 얹고 그 위에 걸채 나 발채, 옹구 등을 얹어 짐을 운반했다. 길마에 수레를 연결해 짐을 싣 기도 했다. 소는 방아도 찧었는데, 벼와 보리의 껍질을 벗기는 도구인 연자방아는 주로 소를 이용했다.

소의 발을 보호하기 위해 신을 신기기도 했으며, 겨울에는 소가 추울 까 봐 일종의 방한복인 삼정덕석을 소 등에 덮어 주기도 했다. 소가 농작 물을 뜯어 먹는 것을 방지하기 위해 마스크인 부리망을 소 입에 씌우기 도 했다.

소의 위치 파악을 위해 목에는 워낭을 달았는데, 이는 소 도둑 예방에 도 큰 도움이 되었다. 또한 워낭은 소를 맹수로부터 보호해 주는 역할도 했다. 맹수가 금속성 소리인 워낭소리를 무서워했기 때문이다.

소를 키우기 위해선 먹이 확보가 중요했는데, 꼴망태나 다래끼 등에 소 풀을 담고 이를 외양간 2층에 마련된 소 다락에 보관하고 필요할 때 마다 조금씩 꺼내 소죽을 끓였다. 끓인 소죽은 뒤지개와 소죽바가지 등 으로 구유여물통에 넣어 소에게 먹였다.

풍수지리에서 소가 편안하게 누운 모양의 땅은 복을 주는 명당이라 여겼는데 그래서 그런지 이와 관련된 지명이 많다. 서울 북한산에 있는 우이봉은 소의 귀를 닮았다고 해서 붙여진 이름이다. 제주의 우도, 서울 우면산, 와우산도 모두 소와 관련된 이름들이다.

〈자산어보〉를 저술한 정약전은 흑산도에서 유배생활을 했는데, 말년 에 인근 우이도에서 생을 마감하였다. 우이도는 신안군 도초섬에서 남 서쪽으로 8km 정도 떨어진 섬으로, 섬의 서쪽 양 끝에 돌출한 2개의 지 형이 소의 귀를 닮아서 우이牛耳라 불렀다.

경남 거창을 비롯해 여주, 춘천, 원주, 부여 등 전국에 우두산 이름을 가진 산이 많다. 모두 소머리를 닮았거나 소와 관련 있어 붙여진 이름들 이다. 이중환이 살기 좋은 곳으로 칭했던 춘천의 우두벌현재 우두동, 황 소의 기세를 품은 청주의 진산 우암산, 소의 기세가 흐르는 와우형의 강 진 중심에 있는 보은산의 정상은 모두 우두봉이다.

부안군 변산에는 소 무릎이라는 우슬재와 쇠뿔 닮은 쇠뿔바위가 있 다. 청춘예찬을 지은 우보牛步 민태원은 어릴 때 걸음걸이가 소처럼 느 리다고 해서 놀림을 받았는데 결국 이것이 자신의 호가 되었다.

소가 등장하는 문학작품도 많다. 황순원의 단편소설 '송아지'는 1950년 한국전쟁 중 농촌 아이와 송아지와의 애잔한 이야기를 담고 있 다. 박목월은 '황소예찬'에서 '산을 옮길 힘을 가졌으나 어진 아기처럼

정지용 생가 터에 있는 소와 피리 부는 소년상

유순하고 어떤 어려움도 성실과 근면으로 이겨내는 그의 인내가 불의 앞에서는 불꽃으로 활활 탄다'고 하였다.

정지용의 시 '향수' 에는 '넓은 벌 동쪽 끝으로/옛이야기 지줄대는 실개천이 휘돌아 나가고/얼룩배기 황소가/ 해설피 금빛 게으른 울음 우는 곳/그곳이 차마 꿈엔들 잊힐리야'라며 고향을 소가 우는 곳으로 묘사하고 있다. 이 밖에 소를 소재로 한 시들이 여럿 있는데, 몇 편 소개한다.

〈묵화〉

　　　-김종삼

물 먹는 소 목덜미 위에
할머니 손이 얹혀졌다

남편을 기증해도 되나요

이 하루도
함께 지냈다고
서로 발잔등이 부었다고
서로 적막하다고

〈우리 집 큰 일꾼〉
                -전석홍

고향집 사랑채 마구간엔
여물 써는 작두
쇠죽 쓰는 가마솥
통나무 구유 나란나란 자리 튼다

해거름에 할아버지와
작두질 싹둑싹둑 쇠죽거리 만들고
쇠죽 푹푹 팍팍 끓여
여물통 듬뿍듬뿍 부어 준다

느긋하게 배 깔고 쉬는
일소, 내리깐 눈망울 부릅뜨며
불끈 일어서서
여물을 슬슬 먹어 치운다

밤새 어둠을 새김질하는
우리 집안 큰 일꾼, 너 소여

〈뿔〉
　　　　　- 신경림

사나운 뿔을 갖고도 한번도 쓴 일이 없다
외양간에서 논밭까지 고삐에 매여서 그는
뚜벅뚜벅 평생을 그곳만을 오고 간다

　정학유가 지은 농가월령가 정월령에는 '농기를 다스리고 농우를 살펴 먹여'라는 구절이 있고, 조선 시대 영의정을 지낸 남구만은 '동창이 밝았느냐 노고지리 우지진다/소치는 아이는 여태 아니 일어났느냐/ 재너머 사래 긴 밭을 언제 갈려 하느냐'며 농촌을 묘사하고 있다.

　박목월은 '송아지 송아지 얼룩 송아지 엄마소도 얼룩소 엄마 닮았네'라는 국민동요를 짓기도 했다. 대중가요 '처녀농군'에는 '소 몰고 논밭으로 이랴 어서 가자'라는 대목이 있고, 1970년대 국민의 사랑을 받았던 '잘했군 잘했어' 가사에는 '뒤뜰에 매어놓은 송아지 한 마리 보았소'라는 대목이 있다.

　2009년 상영된 독립영화 '워낭소리'는 농부가 소와 대화하고 소를 대하는 따뜻한 마음 등이 공감을 주며 큰 인기를 얻었다.

　이중섭은 황소 그림으로 유명했는데, 황소, 흰소, 싸우는 소, 소와 아이 등 25점의 소 그림이 전해지고 있다. 조선 시대 풍속화에는 소를 타

코뚜레한 소

고 지나가는 여인, 소를 탄 목동이 피리를 불며 지나가는 모습이 있고, 사진엽서에도 소 등에 사람을 태우고 밭을 가는 모습이 있다.

조선 시대 화가인 김식의 '누워있는 소', 단원 김홍도의 '논갈이'에도 소가 있으며, '목우도'에는 소의 등에 탄 목동의 피리 부는 모습이 있다. 김기창의 '우도'에는 논을 가는 소의 힘찬 기상이 느껴진다.

소를 제어하기 위해 소의 코에 꿰어놓은 코뚜레를 새해가 되면 가정마다 대문이나 방문 틀에 걸어두는 풍습이 있었다. 코뚜레가 액을 막아 주고 재물과 복을 부른다고 믿었기 때문이다. 소가 코뚜레에 꿰여 도망가지 못하듯, 복도 코뚜레가 꽉 잡아 줄 거라고 믿은 유감주술 행위였다. 소를 질병으로부터 막아주기 위해 부적을 만들어 외양간에 붙여 두기도 했으며, 돌로 '소삼신'을 만들어 외양간 앞에 걸어두는 풍습도 있었다.

건국대학교 교정에는 황소상이 있는데, 우직함과 끈기를 본받아 패

건국대 황소상

낭편을 기증해도 되나요

기와 도전정신을 가진 학생이 되라는 의미다. 건국대 일감호에는 소가 누운 모양의 와우도가 떠 있다. 가난했던 시절 소를 팔아 대학교를 다녔다고 해서 대학을 상아탑에 빗대어 우골탑이라 부르기도 했다.

증권가에서 황소는 강세장을 의미하는데, 황소가 뿔을 위로 치받는 모습이 주가 상승을 연상한다는 것이다. 조선 시대 왕실 제사 때 쓰던 '우정'의 세 발에는 소의 머리와 발굽 모양이 새겨져 있다.

소의 해에 태어난 인물로는 신라 시대 원효대사617년를 비롯해 고려 충신 정몽주1337년, 조선 최고의 성군으로 꼽히는 세종대왕1397년, 풍속화가 김홍도1745년, 독립운동가 김좌진1889년, 상록수를 쓴 심훈1901년 등이 있다.

이밖에 20세기 대한민국 최고 화가로 불리는 김환기 화백은 1913년생 소띠고, 나비와 광장의 시인 김규동1925년, 동화작가 권정생, 영화배우 신성일, 문학평론가 김우창은 모두 1937년생 동갑내기 소띠다. 시인 최영미, 안도현은 1961년생이고, 영화배우 전도연, 이정재, 임창정, 김원준, 정우성은 모두 1973년생, 송중기는 1985년생 소띠다.

외국 인물로는 버락 오바마 전 미국 대통령이 1961년 소띠생이다. 나폴레옹 황제 1세1769년, 독일의 독재자 아돌프 히틀러1889년, 6.25 한국전쟁 참전용사인 미국의 월턴 워커1889년, 음악의 아버지 요한 제바스티안 바흐1685년, 인상주의 화가 빈센트 반 고흐1853년 등이 모두 소띠다.

소는 오래전 인간에게 길들여져 농사일을 하고 짐두 날라주던 고마운 존재였다. 가끔 소싸움으로 인간에게 즐거움을 주고 있지만 정작 소는 괴로울 것이다. 어디 그뿐이랴. 소고기라는 최고의 식재료를 제공해 건강과 행복감을 주는 나무랄 데 없는 존재다.

하지만 이런 소들이 인간에게 서운한 마음도 있다. 분뇨와 냄새 때문에 소를 괄시하고, 철없는 사람을 '머리에 쇠똥도 안 벗겨진 놈'이라 하는데, 허구한 똥 다 놔두고 하필 쇠똥에 비교하는지는 모르겠다. 또 인상이 험상궂은 사람을 '소도둑놈 같다'고 하는데, 온순하고 부드러운 얼굴을 가진 소로서는 억울할지도 모른다.

말로는 인간과 친하네, 인간에게 가장 유익한 동물이네 하면서 정작 소를 위한 관련한 박물관은 없다. 돼지나 말은 있는데 말이다. 소보다 한참 끗발이 처지는 닭도 한때는 박물관이 있었다. 소도 웃고 갈 소박물관의 탄생을 기대한다.

알고 먹자, 소고기

●●● 　소 이야기를 줄줄이 하면서 맛있는 소
고기 이야기를 빼놓을 수는 없다. 일 년에 한번 갈까 말까 한 한우식당
의 메뉴판을 보면 맛있으니 안심하고 먹으라는 뜻인지 보통 제일 위에
안심이 있다. 아니면 이윤이 제일 많이 남아서였을지도 모른다. 그런데
식당마다 메뉴판이 다르고 종류도 다양해서 무엇을 먹을지 선택하기가
쉽지 않다.

　안심살은 소의 등 뒤 채끝 아래에 있는 고기다. 운동량이 많지 않은
부위이기 때문에 소고기 중에서 가장 부드럽다. 따라서 소고기 맛의 진
수를 느낄 수 있는 부위라고 할 수 있다. 소 한 마리에서 약 5.8kg 정도
밖에 안 나올 정도로 귀하다. 짙은 진홍색을 띠며 결이 비단결처럼 곱
다. 마블링이 많지 않아 오래 구우면 질겨지며 구이, 스테이크, 장조림
용으로 적합하다.

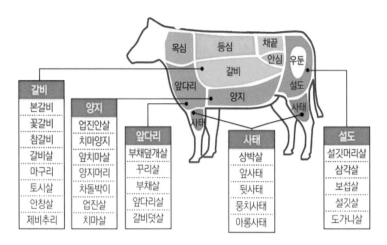

소고기 부위별 명칭

등심은 소의 등줄기를 따라 있는 부위로 보통 윗등심, 꽃등심, 아랫등심으로 나눈다. 맛이 달고 고소하며 연해서 소고기의 으뜸 부위로 꼽는다. 일반적으로 어미소 한 마리에 약 28kg 정도 나온다. 구이, 스테이크, 샤브샤브 용도로 적당하다.

살치살은 소의 어깨쪽, 윗등심 앞에 붙어있는 삼각형 모양의 근육 부위다. 근간지방을 제거하고 마블링이 좋은 살코기만 따로 분리한 것으로 마블링이 선홍색의 표면 위에 눈꽃이 핀 것처럼 보인다. 살치의 '치'는 농촌에서 곡식을 까불릴 때 쓰던 '키'의 방언으로 부위 모양이 키를 닮았다 해서 붙여진 이름이다. 마리당 5kg 정도 나오는데, 연하고 고소하다.

채끝은 소의 허리 끝부분의 고기로 근섬유 다발이 굵지 않아 고기의 결이 부드럽다. 부드러운 육단백질과 근내지방의 고소한 향미가 어우러지는 맛을 제대로 즐길 수 있는 부위다. 소를 몰 때 채찍의 끝이 닿는 부

남편을 기증해도 되나요

분이라 채끝이라 부른다. 마리당 8.2kg 정도 나온다.

목심은 목덜미 위쪽 부위를 말한다. 근섬유 다발이 다소 굵어 고기의 결이 부드럽지 않은 편이다. 그러나 육단백질의 함량이 높고 육즙도 풍부해 소고기 특유의 육향과 맛이 진하고, 씹으면 씹을수록 고소한 감칠맛이 우러나며 마리당 12.6kg 정도 나온다. 탕, 국거리, 불고기, 전골에 적합하다.

부채살은 앞다리 위쪽 부분, 즉 어깨뼈 바깥쪽 하단부에 있는 부위다. 부채 모양의 근육이라 그렇게 부르는데, 일명 '낙엽살'이라고도 한다. 마블링과 가느다란 힘줄의 형상이 마치 부챗살을 펼친 것처럼 아름답다. 마리당 약 4kg 정도 나오며 주로 구이용으로 쓰이지만, 불고기 요리에도 좋다.

우둔살은 소의 엉덩이 안쪽에 위치하며 덩어리가 크고 마블링이 적은 살코기다. 짙은 진홍색이며 근내지방의 함량이 적고 육단백질의 비율이 높은 편이다. 볼기살이라고도 하며 소의 뒷다리 부위 중 가장 연하고 담백한 맛을 자랑한다. 마리당 약 15.8kg 정도 나오는데, 지방이 거의 없는 살코기다. 불고기, 국거리, 육포, 산적, 장조림에 적합하다.

홍두깨살은 뒷다리 안쪽 우둔살 옆 긴 원통 모양의 홍두깨처럼 붙어 있는 고기다. 마블링이 거의 없는 살코기 덩어리로 한 마리당 약 3.2kg 정도 나온다. 연한 진홍색으로 근육을 감싸고 있는 근막이 두껍고 고기의 결이 다소 거칠고 질기다. 장조림, 육회, 육개장에 적당하다.

두가니살은 뒷다리 위쪽 무릎뼈에서 시작하여 넓적다리뼈를 감싸고 있는 대퇴 네갈래근이다. 지방이 거의 없고 연골인 물렁뼈를 포함하고 있다. 마리당 약 10.6kg 정도 나온다. 사골을 감싸고 있는 도가니와 붙어있는데, 통째로 푹 삶으면 구수한 도가니탕이 된다. 도가니탕은 구수한 국물 맛이 일품이며 영양소가 풍부하여 성장기 어린이나 임산부 또는 노인들에게 좋은 보양식이다.

차돌박이는 소의 앞가슴 갈비뼈 아래쪽 부위에 있다. 이 부위는 희고 단단한 지방을 포함한 근육으로, 약 15cm 정도의 폭으로 분리하여 정형한 것이다. 한 마리당 약 2.2kg 정도 나온다. 차돌박이의 살코기는 짙은 적색을 띠며 고기의 결이 거친 편이다. 차돌처럼 박힌 지방이 매우 단단하여 얇게 썰어 샤브샤브나 구이용으로 사용하는 것이 좋다.

치마살은 소의 뒷다리에 인접해 있는 복부 뒤쪽 부분이다. 소가 쟁기질을 할 때 늘 채찍을 맞는 부위여서 '채받이살'이라고도 한다. 치마살은 고기의 모양이 주름치마처럼 생겨서 부르는 이름이다. 구이, 육회용으로 주로 쓰이며 마리당 약 2.6kg 정도 나온다.

소의 몸과 다리를 연결하는 장단지 부분을 사태라 하는데, 사태는 앞사태, 뒷사태, 뭉치사태, 아롱사태로 구분한다. 아롱사태는 사태 중 가장 맛있는 부위로 예전에는 아롱사태를 먹어야만 한우고기를 먹었다 할 정도로 최고였다. '아롱'이라는 말은 근육의 모양새가 눈에 아롱거릴 정도로 아름답다 하여 붙여진 이름이다. 장조림, 사태찜, 구이, 생고기 등으로 먹는다.

안창살은 갈비 안쪽에 가로로 부착된 횡경막을 분리하여 정형한 것이다. 이 횡경막을 분리하여 정형하고 나면 그 모양이 신발의 안창처럼 생겼다고 그렇게 부른다. 지속적인 운동을 하는 근육이라 육색이 짙고 근섬유 다발도 굵지만, 토시살에 비해 근내지방의 함량이 많으며 마리당 5.8kg 정도 나온다.

제비추리는 목뼈에서 갈비 앞쪽까지 길게 붙은 부위로, 고기 모양이 제비 꼬리처럼 생겨서 그렇게 부른다. 마리당 약 250g의 제비추리가 2

개밖에 안 나올 정도로 아주 귀하다. 근내지방의 함량이 적기 때문에 담백한 맛이 일품이다.

소 배속에는 여러 장기들이 있다. 부산물이라고 부르는 이것도 대부분 먹는다. 반추동물인 소에는 네 개의 위가 있다.

양은 첫 번째 위로 고단백 저지방 식품으로 구이, 전골용으로 쓰이며, 벌집양은 두 번째 위로 지방질이 거의 없어 국, 전골용으로 제격이다. 천엽은 세 번째 위로 오돌도돌한 돌기가 있다. 신선한 것은 채로 썰어 회로 먹고 한 장씩 막을 떼어내 전을 부쳐 먹기도 한다. 막창은 네 번째 위를 말하는데, '홍창'이라고도 한다. 고단백질로 주로 구이나 탕의 재료로 쓴다.

소의 소장인 곱창은 탄력섬유가 많은 곳으로, 질기기 때문에 고아서 맛을 우려내서 먹거나 파나 깨가 든 소스에 무쳐서 굽거나 볶아 먹으면 별미다. 대창은 곱창 아래에 있으며 흐물거리며 특유의 냄새가 난다, 전골 구이로 좋다.

꼬리는 담백한 국물을 내며 영양소가 풍부하며 탕으로 쓰인다. 사골은 몸통과 다리 연결 부위의 뼈로서 高 영양식품으로 원기회복에 좋다. 탕, 국거리로 좋다. 우설牛舌은 소의 혀로서 육질이 연하고 담백하며 편육, 찜, 조림용으로 좋다. 우황은 소의 쓸개에 생긴 돌로, 열을 내리고 독을 없애는 작용을 한다.

이 밖에도 젖소에서는 우유를 짜 먹는다. 어떤가. 소에서 먹을거리가 무궁무진하지 않는가. 못 먹는 것이 없는 인간들이다. 여기서 분명히 말하지만, 제비추리와 갈매기살은 조류고기가 아니라는 것이다. 제비추리는 소고기고, 갈매기살은 돼지고기다. 무르팍 팍팍 세우지 말자.

5장

별난 관람객들

총장과 청장

●●● 고위급 공무원이 박물관을 방문한 적이 있었다. 옆에는 비서로 보이는 직원이 바짝 붙어 있었고 표정은 조금 굳어 있었다. 높으신 분의 일거수일투족에 기민하게 반응하는 것으로 봐서 위계질서가 강한 조직에서 온 것 같았다.

전시실에 들어서자 그 공무원은 알 듯 말 듯한 야릇한 웃음기를 띠며 조금은 거만한 태도를 보이기 시작했다. 상체를 약간 뒤로 젖히고 양팔은 뒷짐을 진 채 시선은 산만했다. 나의 설명은 제대로 들으려 하지도 않고 오히려 다른 곳을 쳐다보는 등 무시하는 모습이 역력했다.

오히려 자신이 말을 많이 했다. 전문가가 아니면 알기 어려운 부분에 대해서도 자신만의 경험과 지식으로 체득한 얘기를 했다. 나는 대부분 듣고만 있었는데 내용 중 검증되지 않았거나 논쟁의 여지가 있는 것도 많았다.

제5장 별난 관람객들

나는 반론을 제시하거나 오류를 바로잡아 주지 않았다. 굳이 높으신 분의 심기를 불편하게 할 필요도 없었고 또 얘기를 해봤자 들어줄 것 같지도 않기 때문이었다. 그리고 이 분을 초청하여 박물관까지 모시고 온 담당부서 직원의 입장도 배려해야 했다.

이윽고 관람?을 마치고 배웅을 하게 됐다. 여전히 약간 가소롭다는 표정을 하고 있었고 행동은 거들먹거렸다. 보기 드문 언행과 태도로 나의 뇌리에 강한 인상을 남겨주고 떠나는 뒷모습이 그리 아름답게 보이지는 않았다.

사무실로 돌아와 인터넷으로 그분을 검색해 봤다. 그냥 고위급 정도로만 알았는데, 예상외로 상당히 높은 분이었다. 소속 기관에서 두 번째 서열이었다. 나에게 특이한 인상을 남겨준 분이라 그 후로도 나는 계속 관심을 가지고 지켜봤다.

가끔 언론에 노출되었고 동정이 보도되기도 했다. 그리고 몇 년이 지나 그 기관의 최고 수장이 되었고 사회적으로 출세를 한 것 같았다. 나는 비록 박물관에서는 좀 특별한 행동을 보이긴 했으나 내가 보고 느낀 것과 다른 큰 장점과 능력이 있는 사람이라고 생각했다.

한편으로는 사회생활의 수완이 뛰어날지도 모른다는 생각도 했다. 그러다가 세월이 흘러 잊고 있었는데 언젠가 각 매스컴에 자주 등장하기 시작했다. 급기야 그가 구속되는 장면이 나왔다. 수년전의 거들먹거리고 거만하던 모습은 온데간데없고 초라한 수인囚人의 형색으로 TV 화면에 비치는 것을 보았다.

그리고 몇년 후 이름만 대면 누구나 알 수 있는 유명인이 농업박물관에 왔다. 언론에 자주 등장해 낯익은 분이었다. 방문 일주일 전 예약하

남편을 기증해도 되나요

는 예의도 있었다. 주변에 알리지 말라는 당부도 잊지 않았다. 조용히 관람하겠다고 했다. 방문하기로 한 날 그야말로 조용히 찾아주셨다.

관람이 시작되었다. 주로 듣는 편이었고 질문을 많이 했다. 그리고 전시물을 대충 보지 않고 하나하나 꼼꼼히 봤다. 아니 보셨다. 분명 학식과 지식이 나보다 월등히 많을 텐데 궁금한 것이 많아 보였다. 나의 답변에 맞장구를 치며 고개를 끄덕이셨고, 설명에는 처음 듣는 얘기라며 놀라기도 하고 신기해하기도 했다.

질문에 대한 답변이 마음에 들었을 때는 '이거 질문하기를 잘 했네' 하며 스스로 대견해 하는 모습도 보였다. 전시실을 돌며 중간중간에 이 분의 농업에 대한 관심과 고민을 엿보았으며 살아온 이야기를 많이 들을 수 있었다. 특히 본인의 학창시절과 사회생활에 대해 내가 관심을 가지고 질문을 드리자 매우 흡족해했고 고마움을 나타냈다.

나의 역할을 존중하였고 박물관의 존재 가치를 인정해 주었다. 관장으로서의 자부심과 뿌듯함을 듬뿍 준 방문객이었다. 나는 대한민국이 '이 분' 보유국이라는 것이 자랑스럽다.

하나를 보면 열을 알 수 있다고 했던가. 겸손의 미덕이 인간의 삶에 큰 영향을 미친다는 것을 깨우쳐 준 값진 경험이었다.

당장 제사상을 바꾸시오

●●● 언젠가 사무실로 80대로 보이는 노인 한 분이 찾아오셨다. 얼굴은 사뭇 비장한 표정이었고 약간 화가 난 듯했다. 무언가 하고 싶은 말이 있는 것 같았다. 그는 자리에 앉자마자 대뜸 '전시실에 있는 제사상을 당장 바꾸시오'라고 하는 게 아닌가. 내가 왜냐고 묻기도 전에 그 제사상은 잘못됐으니 당장 바꿔야 한다고 했다. 소위 '홍동백서, 조율이시'하는 제사상 진설 방법에 맞지 않다는 것이다.

내가 그 제사상은 제사 전문가와 민속연구가들로부터 여러 차례 자문과 고증을 받아 설치한 것이라 해도 그는 귀담아 들으려 하지 않았다. 그러면서 그는 오히려 박물관은 여러 사람이 보는 곳인데 원칙대로 해야지 하면서 권고 아닌 충고까지 하면서 사무실을 나갔다.

제사상에 대한 전후 사정은 이랬다. 농업박물관에 동제洞祭를 소개하는 전시물이 있다. 동제는 마을의 안녕과 풍년을 기원하는 마을 제사를

유물은 소중한 재산 입니다

제사장(농업박물관)

말한다. 여기에 제사상이 전시돼 있다. 2005년 이 제사상을 준비할 때
도 많은 고민을 했다.

제사상은 지역마다 또는 집안마다 조금씩 다르기 때문에 많은 사람
이 공감할 수 있는 표준을 만들기가 쉽지 않다. 그래서 제사상에 대해
서는 여러 이야기가 나올 수밖에 없다. 이런 연유로 당시 제사상 진설을
놓고 사계의 전문가를 초빙하여 여러 의견을 거쳐 원칙에 충실하면서도
가장 일반적인 제사상을 만든 것이다.

그러다 보니 관람객들은 제사상 앞에서 많은 말들을 한다. 전시물 중
에서 가장 뜨거운 곳이다. '맞다', '틀리다'에서 시작돼 말다툼으로 이어
지는 경우도 종종 있다. 그러나 다수는 경건한 표정으로 예를 표하고 감
상한다. 일부 사람들은 돼지머리에 돈을 놓고 가기도 한다. 그렇게 하면
본인에게 복이 온다고 믿기 때문일 것이다.

제사상 앞을 지나다 보면 가끔 지폐가 돼지 입에 걸려 있는 것을 보는
데, 잠시 후 다시 와 보면 감쪽같이 사라지고 없다. 얼마 전 농협 임원이

거래처 임원들을 모시고 방문한 적이 있었다. 그 임원은 제사상 돼지에는 돈이 꽂혀 있어야 모양이 난다면서 거금 만원을 돼지 입에 걸어놓고는 '봐라, 돼지가 웃지 않느냐'고 하면서 갔다.

나는 그 돈이 곧 사라진다는 것을 경험칙으로 알기 때문에 그 임원이 자리를 뜨자마자 바로 내 주머니로 이동시켜 버렸다. 그리고 그날 박물관 직원들은 돼지 미소를 지으면서 임원의 따뜻한 마음보다 더 뜨거운 호떡을 앞에 놓고 그 임원이 다시 오기를 기대하면서 호떡집에 불난 것처럼 수다를 떨었다.

이야기가 옆으로 빗나갔지만, 그 후로도 많은 관람객이 제사상에 대해 여러 이야기를 했지만 지금까지 단 한 번도 제사상을 바꾸지 않았다. 바꾼다고 논쟁이 끝나지 않는다는 것을 알기 때문이다. 제사상 이야기를 하다 보니 '남의 제사상에 감 놔라 배 놔라 한다'는 옛말이 떠오른다. 남의 일에 참견한다는 의미인데, 다른 말로 '오지랖이 넓다'고도 한다. 우리 조상들의 오지랖이 그렇게 넓었던가. 주변을 보니 오지랖 넓은 사람이 많긴 하다.

기억에 남는 관람객들

적반하장

세상엔 다양한 사람들이 있듯이 박물관을 찾는 사람들도 매우 다양하다. 몇 해 전 일이다. 초등학생으로 보이는 아이와 함께 온 30대 후반의 남성이 있었다. 딸아이에게 하나라도 더 가르쳐 주려고 그러는지 아주 자세하고 꼼꼼하게 요리조리 관찰하고 관람했다. 아주 열성적으로 자상하게 딸에게 설명해 주었다.

그런데 관람하다가 딸이 전시장 유리벽을 파손하는 일이 벌어졌다. 매우 튼튼한 유리였는데 어찌하여 파손이 됐는지는 모르겠다. 전시실 내 유리 파손은 처음 있는 일이었다. 아마 상당한 외부 충격을 가했을 것으로 짐작했다. 이 유리는 특수 처리된 강화유리로 어지간한 충격으로는 파손되지도 않을 뿐만 아니라 파손시키기도 어렵다.

그런데 문제는 여기서 발생했다. 당연히 유리 파손이 과격한 힘에 의해 발생한 것이므로 이는 관람객의 잘못으로 생각되는데 이 사람은 오히려 부실공사 탓을 하며 화를 내는 것이었다. 공사를 잘못한 시공사의 책임이 크며 이를 감독한 박물관에도 책임이 있다는 것이었다. 황당한 주장이었다. 백번 양보해서 박물관 측의 잘못을 인정한다 해도 자신의 부주의를 전혀 인정하지 않는 태도에 화가 났다. 항변과 설득의 반복 끝에 가까스로 별 충돌 없이 마무리되었지만 지금 생각해도 뒤끝이 많이 남는 관람객이었다.

고등학생

이런 일도 있었다. 몇 년 전 지방에서 남자 고등학생들이 단체로 방문했다. 그런데 그 학생들은 행동이 몹시도 거칠고 장난이 심하여 전시실을 막 뛰어다녔다. 이들은 전시실을 운동장으로 생각하는 것 같았다. 전시물을 만지고 심지어는 들어보고 주먹으로 두드려 보기도 했다.

급기야 모형으로 만든 느티나무에 올라가 가지를 잡고 철봉 연습을 하기도 했다. 나뭇가지가 버틸 재간이 있겠는가. 피 끓는 고교생들의 힘에 부러지는 건 어쩌면 당연지사였다. 그나마 다행이었던 건 학생들이

부러진 느티나무

남편을 기증해도 되나요

다치지 않았다는 것이다.

　개관 후 한 번도 경험하지 못한 초대형 사고였다. 사고 후 몹시 당황해하던 학생들과 인솔하신 선생님들의 모습이 지금도 눈에 선하다. 이 사건은 학생들에게 관람예절 교육을 하고 반성문을 쓰는 것으로 마무리하였다.

일찍 온 것도 죄냐

　농업박물관은 단체관람의 경우 사전예약제로 운영하고 있다. 관람객 분산으로 쾌적한 관람환경을 제공하기 위한 불가피한 조치다. 언젠가 사전 예약한 단체가 방문한 적이 있었다. 이들은 박물관 개관 시각인 오전 9시 30분 관람예약을 하고는 9시쯤에 왔다.

　박물관이 문을 열기도 전에 왔기에 조금 기다려 달라고 했다. 그러나 이들은 정문에 모여서 다짜고짜 빨리 문을 열어 달라고 소리를 질러댔다. 일부는 셔터를 발로 차면서 난동을 부리기도 했다.

　통상 박물관 직원들은 9시 이전에 출근하여 전시실 조명을 점등하고 각종 장비도 점검한 후 문을 연다. 여기에 걸리는 시간이 대략 30분 정도 된다. 이러한 사정을 설명하고 양해를 구했지만, 이들은 예약보다 빨리 온 본인들의 잘못에는 관심이 없고 오로지 박물관 측의 융통성 부족만 탓했다. 그럭저럭 빨리 준비해 개관 시각보다 조금 일찍 관람할 수 있게 조치했다. 그런데 이들은 이에 대한 고마움은 털끝만큼도 없고, 사전예약자인데 왜 전시해설을 안 해 주느냐 하면서 사전에 예약하지도 않은 요구를 해왔다. 사정을 이야기하자 들으려 하지 않고 자신들의 주장만 되풀이했다. 할 수 없이 해설을 해 주는 정도로 양보를 했지만 뒷맛이 개운하지는 않았다. 개관시간은 지켜야 할 약속입니다.

농민 관람 5경景

●●● 농업박물관에는 농업과 관련된 유물들
이 전시돼 있다. 농사에 사용해 오던 것을 농민들이 기증한 것들이다.
박물관에서 자신들이 직접 사용했던 물건을 본다는 것은 흔치 않은 일
이다. 어쩌면 농업박물관이 유일할지도 모른다. 이 특별한 환경에서 특
별한 관람 모습이 나온다. 그 특별함을 관찰했다.

1경景) 당신 이거 써 봤어?

나이 지긋한 농민단체 회원들이 왔다. 외모로 봐서 평균 연령 65세
이상. 소위 농사에서만큼은 산전수전 다 겪은 사람들이다. 당연히 농기
구 조작 경험도 많을 것이다. 이들은 일반적으로 관람 분위기가 산만하
고 말들이 많다.

이들의 가장 큰 특징은 자신들과 다른 사람들을 구별하려고 한다는

남편을 기증해도 되나요

것이다. 구별기준은 농사의 경험 유무다. 이들은 자신보다 나이가 어리거나 말씨나 외모로 보아 농사경험이 없을 거라고 판단되면 바로 무시해 버리는 경향이 있다.

박물관 해설사도 무경험자로 보이면 '당신 이거 써봤어'하면서 핀잔을 준다. 또 농사 경험자만이 알 수 있는 내용을 질문하여 해설사를 당황하게 한다. 이를 통해 특이한 만족감을 얻는 것 같다. 무경험자의 해설에는 '안 써 봤으면 말을 하지마' 하면서 조롱하기도 한다. 이러한 무시하기 태도는 '농기구는 써본 사람이 제일 잘 안다'는 농민 중심 사고에서 비롯된 것이 아닐까.

2景) 나는 다 해 봤다

농민들은 농사 경험을 과시하며, 침소봉대하는 경향이 있다. 직접 경험하지 않고 목격한 것을 직접 해봤다고 우기는가 하면 심지어 거짓으로 부풀리기도 한다. 대다수 농민은 전시실 내 모든 농기구를 사용해 봤다는 듯이 행동한다. 농기구 앞에서만은 결코 뒤지지 않겠다는 것이다. 그러나 실제로 모든 농기구를 사용해 본 농민은 아예 없다고 해도 지나친 말은 아니다. 어디 농기구가 한두 개인가.

3景) 아직 애구만

농민들은 자신들끼리 은연중 서열의식이 있고 지식 경쟁을 한다. 특히 비슷한 연배의 또래끼리는 더욱 심하다. 농기구 사용과 농사에 관한 질문을 하여 답을 하지 못하면 자신보다 아래 위치에 두려고 한다.

자기보다 농사에 대해 모르면 어린애고, 애는 자신보다 아래라는 인식을 하고 있다. 이들은 여러 사항을 질문하고 나보다 확실히 아래라는

농민조합원 단체관람(내용과 관련없음)

것을 확인한 후에야 질문을 멈춘다. 나보다 아래여야 안심이 되는 것이
다. 이규태 박사가 '한국인의 의식구조'에서 언급한 서열의식은 박물관
관람에서도 그대로 적용되고 있었다.

4경) 농기구에도 영혼이 있다

농민들은 농기구를 직접 사용해 봤기에 농기구를 바라보는 감회가
일반인들과는 다를 것이다. 그래서 농기구에 감정이입을 통해 고통을
회상하거나 추억을 이야기하기도 한다. 이들에게는 전시물이 단순히 전
시물이 아니라 자신의 과거 추억을 소환해 주는 이야기 창고인 셈이다.
여성들은 자신들의 추억과 애환이 깃든 전시물에 쉽게 동화되고 때론
눈물을 흘리기도 한다.

5景) 전시물도 대화상대다

이들은 전시물과 끊임없이 대화한다. 소를 보고도 가만히 있지 않고 무슨 말을 건다. 진짜 사람 대하듯 부엌을 보고도 알아듣지 못하는 그들만의 대화를 한다. 전시공간을 생활공간으로 여기는 듯하다. 농촌 생활에서 습관화된 가축이나 농작물과의 대화가 전시공간에서 그대로 재현되는 것이다.

물론 이런 관람 모습이 일반적인 것은 아니다. 장기간 반복적으로 관찰해 본 결과 이렇게 분류가 가능한 것일 뿐. 그렇다고 모든 농민이 이런 모습을 보인다는 것도 아니다. 공감하지 않는 농민이 있을 수도 있다. 그런 사람은 그냥 재미로 생각하면 된다. 세상에는 별난 사람이 다 있다. 노파심에서 그냥 해보는 소리다.

허수아비 도난사건

●●● 허수아비를 훔쳐가는 사람도 있다. '아
니 훔칠 것이 없어 허수아비를 다 훔치냐', '오죽하면 허수아비를 훔쳤
을까'라고 반문하겠지만, 허수아비 도난사건은 실화다.

농업박물관은 매년 농장에 체험 허수아비를 설치해 오고 있다. 여기
서 '체험'이라 함은 그야말로 '자신이 몸소 하는 것'을 의미한다. 즉 직
접 만들었다는 뜻이다. 체험프로그램에 참가한 어린이들이 만든 것이
다. 특히 이번 허수아비는 외모부터 옷감 재질까지 신경 써 만든 소위
'인싸' 허수아비였다. 행인들은 신기한 듯 발걸음을 멈추고 사진을 찍기
도 하는 등 인기를 실감했다.

그런데 설치 다음 날, 허수아비가 감쪽같이 사라졌다. 고사리손으로
만든 5개의 허수아비가 모조리 사라진 것이다. 만약 누군가 훔쳐갔다면
이는 동심을 도둑질한 얕체 짓이다. 땀 흘려 키운 벼를 지키기 위해 땀

남편을 기증해도 되나요

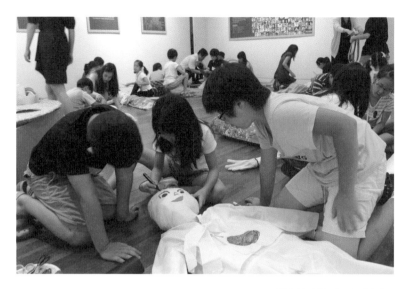

허수아비를 만드는 학생들

흘려 만들었는데 땀 한 방울 흘리지 않고 슬쩍 훔쳐가다니 은근히 화도 났다.

한 번도 경험하지 못한 일을 당하고 나니 별의별 생각이 다 들었다. 누굴까? 왜? 너무 잘 만들어서? 인기가 좋아서? 적당히 만들었어야 했나? 추측은 새로운 추측을 낳고 궁금증은 커져만 갔다.

즉시 자체 수사에 착수했다. 먼저 수사기관의 흉내를 내 CCTV를 확인해 봤다. 화면에는 60대로 보이는 여성이 등장했다. 시간을 보니 새벽 네 시경이었다. 주변에 가로등이 있었지만 대체로 어두운 편이었고, 새벽 기온은 좀 쌀쌀했을 텐데 이 여성은 반팔 상의를 입었고 머리는 백발에 산발을 하고 있었다. 밤에 봤으면 좀 무서웠을 모습이었다. 귀신인가.

화면을 돌려 좀 더 자세히 보았지만, 얼굴은 확인할 수 없었다. 이 여성은 새벽 네 시 쯤부터 허수아비 절도작업?을 시작한 것이다. 작업의

농업박물관 앞 농장의 허수아비

진행 과정은 이랬다. 우선 허수아비 옷을 하나씩 벗겨 천을 손으로 갈갈이 찢었다. 그리고 나무 부재는 분해해 별도로 모았다.

표정을 볼 수는 없었지만 손동작은 엄마 몰래 저지레하는 아이처럼 신이 나 있는 것 같았다. 이렇게 다섯 개의 허수아비를 철거하고 분해하는데 걸린 시간은 약 세 시간 정도였다. 아침 일곱 시 무렵 마무리되었는데 이미 밖은 훤했다. 철야작업을 한 셈이다.

뭐가 그렇게 재미가 있었는지 날 새는 줄도 모르고 한 것이다. 그렇게 분해한 허수아비는 따로 준비한 가방에 넣고 어디론가 사라졌다. 이 여성의 실체가 궁금했다. 그리고 철거 동기를 알고 싶었다. 수사기관이라면 끝까지 추적해서 낱낱이 밝히겠지만 일개 박물관이 그렇게는 할 수 없었다. 그렇다고 없던 일로 하기는 찜찜하고 아쉬웠다.

다시 수사기관 흉내를 내 탐문수사를 했다. 현장 부근의 사람을 찾아 물어보기로 했다. 다행히 약간의 실마리는 찾을 수 있었다. 이 여성은 얼마 전부터 이곳에 오기 시작하여 주변을 배회하고 돌아갔다는 것이다. 행색은 갈 곳 없는 부랑자 같았다. 아마 코로나19로 기존의 거처에서 쫓겨난 듯했다.

이곳이 새로 머물 적지라고 판단한 그는 그날 처음으로 안식처에 온 것이다. 큰 가방이 있었고 개인 위생상태가 불량했다. 이런 탐문 결과를 종합적으로 분석해 보니 이 여성은 정신상태가 정상이 아니었고 주거가 일정치 않은 노숙생활을 하는 부랑자였다. 화면 속 반소매 복장이 이런 상황을 뒷받침해 주고 있다.

결론적으로 이번 허수아비 도난사건은 정신이상인 노숙자의 우발적 해프닝이었다. 그러나 철거물의 행방과 처리결과는 끝까지 밝혀내지 못했다. 하지만 정신이상자라고 해서, 부랑자라고 해서 절도사건이 용서되는 것은 아니다.

슬기로운 박물관 관람을 위하여

●●● 최근 박물관의 형태나 종류 등이 워낙 다양해져 단순하게 정의하기가 쉽지 않지만 기본적으로 박물관은 유물을 전시하여 보여주는 곳이다. 물론 박물관의 기능과 역할이 확장되고 복잡해져 이런 표현은 다소 틀릴 수도 있다.

우리나라 박물관의 설립과 운영 등에 기준을 제공하고 있는 '박물관 및 미술관 진흥법'에는 박물관이란 문화·예술·학문의 발전과 일반 공중의 문화향유 및 평생교육 증진에 이바지하기 위하여 역사·고고·인류·민속·예술·동물·식물·광물·과학·기술·산업 등에 관한 자료를 수집·관리·보존·조사·연구·전시·교육하는 시설이라고 정의하고 있다.

또한 세계 박물관 협의체인 국제박물관협의회ICOM에서는 지식의 증대, 문화재와 자연재의 보호 교육, 그리고 문화의 발전을 목적으로 자연계와 인류의 대표적 유산을 수집, 보존, 전달 및 전시를 하는 사회적

남편을 기증해도 되나요

기관이라고 정의를 내리고 있다.

이를 종합해 보면 박물관은 문화예술 자료를 수집하고 전시를 통해 관람객에게 즐거움과 교육을 제공해야 한다는 것이다. 그래서 요즘 박물관들은 위락과 교육을 위해 많은 고민을 하고 있다.

사람들은 국내외 여행을 하거나 시간적 여유가 있을 때 박물관을 찾는다. 희귀하고 진기한 물건을 보고 싶은 욕구에서다. 그러나 대부분의 사람은 시간적 촉박함과 지식 부족으로 건성건성 보게 된다. 세월이 지나 놓친 것을 알고 나서는 후회하기도 한다. 그래서 후회하지 않게 슬기로운 박물관 관람을 위한 팁을 드리고자 한다.

많은 사람이 알고 있지만, 박물관을 방문하기 전에 홈페이지를 접속해 보는 건 필수다. 요즘 박물관들은 거의 모두 홈페이지를 운영하며, 필요한 정보를 소개하고 있다. 방문하고자 하는 박물관에 대해 사전 지식을 습득하고 나서 방문하면 보이는 것이 다르다.

박물관의 설립취지와 목적, 연혁 등도 알고 방문하면 좋다. 그리고 전시실 구성과 전시물 목록 등을 살펴본다. 필요할 경우 활동지, 전시물 소개 자료 등을 출력하여 사전 학습 후 방문하면 큰 도움이 된다.

박물관 전시는 형식 면에서 상설전시, 기획전시, 특별전시, 대여전시 등으로 보통 구분한다. 상설전은 보통 10년 이상 장기간에 걸쳐 진행하는 전시로 그 박물관의 정체성을 드러내는 대표전시라고 할 수 있다. 상설전은 일반적으로 전시물 교체가 흔하지 않다.

기획전은 상설전에서 보여주기 힘든 내용이나 주제를 가지고 전시하는 것으로 독특한 주제나 사회적 이슈, 한정된 목표 등을 보여준다. 상설전의 고착성과 단순성을 보완해 주는 역할을 한다.

특별전은 기획전 중에서도 전시 의도나 목적이 일상적이지 않고 특

관람주의사항

안전사고 예방과 쾌적한 관람환경을 위하여 다음 사항을 준수하여 주시기 바랍니다.

▼ 박물관 내에서는 큰소리로 떠들거나 뛰어다닐 수 없습니다.

▼ 전시물을 만지거나 전시물에 손상을 입힐 수 있는 행동은 삼가 바랍니다.

▼ 박물관 내에서는 음료수 및 음식물 (과자, 껌, 사탕)등을 드실 수 없습니다.

▼ 다른 관람객에게 방해가 되거나 불편을 주는 행동을 하지 않습니다.

별한 전시를 말한다. 흡인력 강한 진귀한 물건을 전시하는 경우가 많다. 대여전시는 타 기관이나 소장가들로부터 박물관 전시목적에 맞는 전시물을 빌려 전시하는 것이다. 박물관들은 소장유물들을 보여주기 위해 다양한 주제로, 사회상황을 고려하여 특색 있는 전시를 한다.

박물관은 전시유물에 대한 이해를 높이거나 설립목적을 달성하기 위해 여러 형태의 교육프로그램도 운영하고 있다. 전시와 연계한 특별 프로그램도 있고 문화서비스 제공을 위해 정기적으로 운영하는 프로그램도 있으니 대상과 자격, 참가비 등을 알아보고 참가 여부를 결정하면 좋다.

박물관 전문인력을 활용하는 것도 관람 효과를 높일 수 있는 좋은 방법이다. 박물관에는 그 분야의 전문가들이 일하고 있다. 일반인들보다는 유물에 대한 관심과 열정이 높고 오랜 기간 공부한 집단들이라 해박한 지식을 갖고 있다. 전문인력으로는 관장을 비롯해 학예사, 교육사, 해설사, 자원봉사자 등이 있는데, 일반적인 사항은 해설사나 자원봉사자를 통해 해결할 수 있다.

남편을 기증해도 되나요

더욱 깊고 전문적인 내용을 알고 싶다면 학예사나 교육사를 활용하는 것이 좋다. 이들은 최고의 전문가 집단으로 박물관의 전시, 교육을 총괄, 진행하기 때문이다. 만약 박물관의 운영이나 장기계획, 유물 이야기 등 깊고 넓게 알고자 한다면 관장을 통하는 것이 좋다.

일반인들이 이들 전문가 집단을 개별적으로 상대하기가 쉽진 않은데, 용기를 내어 연락을 하면 흔쾌히 응해 줄 것이다. 이들은 결국 관람객을 위해 존재하는 사람이기 때문이다.

요즘은 박물관들이 자신의 정보와 활동내용 등을 널리 알리기 위해 사회관계망서비스SNS를 활용하는 경우도 많다. 홈페이지를 접속해 이 서비스에 가입하는 것이 좋다. 최신 정보와 각종 이벤트 등을 실시간으로 알 수 있기 때문이다. 모바일 앱을 설치하면 더욱 편리하다.

어느 분야나 마찬가지지만 박물관도 적극적으로 참여하고 질문하는 사람이 많은 것을 얻을 수 있다. 지금까지 박물관을 어쩌다가, 혹은 시간이 남아서 잠시 들렀다면 앞으로는 사전 준비와 철저한 학습으로 더 알차고 즐겁게 관람을 하자. 뭐니 뭐니 해도 가장 슬기로운 관람은 조용히, 꼼꼼히, 주변 사람에게 불편을 주지 않고 보는 것이다.

6장

박물관 이야기

농업박물관

●●● 우리나라에 농업전문박물관이 처음으로 등장한 것은 1987년이다. 서울 서대문 사거리 부근에 있는 농업박물관이 원조다. 이후 여러 곳에서 농업과 관련된 박물관들이 세워졌다. 1993년 전라남도 농업박물관을 비롯해 농촌진흥청 농업과학관, 남양주시 유기농박물관, 양평군 친환경농업박물관, 평택시 농업박물관, 잠사박물관, 수리박물관, 농요박물관, 전국 시군의 농업기술센터 농경역사관, 상주박물관 농경문화관 등 다양한 이름의 농업 관련 박물관들이 우후죽순 생겨났다. 2022년에는 경기도 수원에 대한민국 농업을 대표할 국립농업박물관이 문을 연다.

대한민국에서 농업박물관의 탄생은 사실 역사적인 일이었다. 5천 년 우리의 역사이자 삶의 전부였던 농업이 드디어 박물관으로 들어온 것이다. 국내 최초의 농업전문박물관인 농협농업박물관은 우여곡절 끝에 탄

1987년 개관 당시 농업박물관

생했다.

1970년부터 시작된 농업기계화로 지금까지 사용해 오던 재래식 농사 도구들이 쓸모없게 되면서 농촌에서 서서히 자취를 감추게 되었다. 이를 보고만 있을 수 없어 박물관 설립을 구상하게 되었고, 전국의 농협 조직을 활용해 재래농기구 수집 운동을 벌인 것이다.

지역 실정을 잘 아는 농협이 팔을 걷어붙여 농기구 수집은 괄목할 만한 실적을 거두었다. 농민들의 적극적이고 자발적인 기증도 박물관을 탄생시키는데 한몫했다. 농업박물관은 농협의 주인인 농민들이 기증한 유물로 만들어진 박물관이다.

농업박물관이 있는 곳은 조선 초기 4군 6진을 개척한 김종서 장군의 집터로 알려진 곳이다. 1453년 수양대군이 왕위 찬탈을 위해 일으킨 계유정난 때 김종서 장군이 피살된 곳이기도 하다. 이곳이 김종서 집터로 추정되는 근거는 조선 후기 정조 때 서울의 역사와 지형 등을 소상히 기록한 〈한경지략〉이다. 여기에 김종서 집터에 대한 기록이 나오는데, 바로 '金節齋宗瑞舊宅敦義門'이라는 구절이다. 이는 김종서 옛집은 돈의문서대문에 있다는 뜻이다.

이 밖에 고마청동은 돈의문 밖 경기감영 곁에 있다고 했으니 이 부근이 김종서 옛집인 것은 분명해 보인다. 서대문사거리 충정로우체국 뒤에 '고마청길'이라는 표지판도 있다. 또 〈한글지명총람〉에 '옛 고마청이었던 고마청골에서 김종서가 살았다'는 기록이 있는 것으로 봐 이런 사실은 더욱 분명해진다.

이곳에 있었던 김종서의 집은 계유정난 후 국가에 몰수되었고 여러 번 주인이 바뀌었다. 1920년대 조선금융조합연합회가 들어서게 되었고, 해방 후 농업은행 본점 건물로 사용되었다. 1961년 오늘날의 농협중앙회가 창립되자 본부 건물로 쓰이게 되었다.

1981년 농협중앙회가 옆 건물로 이전함에 따라 1987년 농업박물관으로 만든 것이다. 현재 농협중앙회 앞마당에는 수령 500년 이상으로 추정되는 회화나무가 있다. 이 나무는 당초 지금의 농업박물관 마당에 있었다. 학자나무로 알려진 이 회화나무가 원래 김종서 장군 집 마당에 있었던 나무일지도 모른다는 생각이 든다.

농업박물관 주변을 둘러보면 새문안길 건너편에 옛 경기감영현 적십자병원터가 있고, 그 동쪽 언덕배기에는 돈의문 터가, 그 위쪽으로는 1949년 김구 선생이 서거한 경교장이 있다. 박물관 바로 옆에는 동양극장현 문화일보터가 있는데, 동양극장은 우리나라 최초의 연극 전용극장이었다.

이 밖에 가까운 정동길에는 구한말 이화학당, 손탁호텔, 배재학당 등이 있었고, 현재는 중명전, 덕수궁, 정동제일교회, 정동극장, 서울시립미술관 등 각종 역사문화 시설들이 있다.

농업박물관 입구에는 대나무를 쪼개서 엮은 커다란 항아리 모양의 유물이 있다. 농가에서 탈곡한 벼를 보관하던 나락뒤주다. 그 앞엔 곡식들을 가공하던 연자방아도 있다.

농업박물관은 지하 1층, 지상 1, 2층 등 총 3개 층으로 구성돼 있으며, 연면적 3,788㎡ 규모다. 1927년 건립돼 조선금융조합연합회 건물로 쓰였던 애초 건물을 2002년 철거하고 그 자리에 새로 건물을 짓고 2005년 새로운 농업박물관을 건립했다.

다양한 계층의 관람객이 찾고 있는데, 어린이집, 유치원, 초등생들이 약 60%를 차지하고 있다. 전국 각지의 농촌에서 농민조합원들도 꾸준히 방문하고 있다. 그래서 박물관 앞에는 지방 번호판을 단 대형버스들이 주차돼있는 것을 자주 볼 수 있다. 2012년에는 874㎡ 규모의 부설 쌀박물관을 개관하여 명실상부한 종합농업박물관으로서의 위용을 갖추고 있다.

대한민국의 농업박물관을 선도하는 이곳에는 약 5천 점의 농경유물이 전시 소장돼 있다. 100년이 넘은 대형 두레농기 4점이 서울시 문화재로 지정돼 있으며, 두레행렬도, 장날도, 농가월령도 등 보물급 농경풍속 그림도 소장하고 있다. 농경문화 교육프로그램, 쌀요리체험교실 등 다양한 프로그램도 운영되고 있다.

농업박물관 앞에는 조그마한 농장이 하나 있다. 손바닥만 한 논과 밭, 그리고 원두막과 물레방아가 설치돼 있다. 농장에서는 각종 농작물을 심고 가꾸고, 수확하는 체험행사를 한다. 이른 봄에는 작년 가을에 뿌린 밀과 보리를 볼 수 있고, 땅콩, 토란, 부추 등 계절별로 다양한 농작물들

농업박물관 전시실

을 관찰할 수 있다. 땅값에 관심 있는 사람들은 이 땅이 대한민국에서 가장 비싼 농장일 것이라고 말하기도 한다.

2009년에는 왕성한 박물관 활동이 인정돼 한국박물관협회로부터 '사회공헌특별상'을 받기도 했다. 2017년에는 개관 30주년을 맞아 역사적인 농업박물관 30년사를 발간하기도 했다.

1987년 농업 분야 박물관 불모지에서 시작한 농업박물관이 서울 한복판의 농경문화 체험명소로 자리 잡은 것은 오로지 관람객들의 성원 덕분이다. 농협은 다양한 사업을 하고 있다. 은행사업, 보험사업, 지도사업, 교육사업, 박물관사업 등... 세상이 바뀌고 사람이 바뀌어도 변치 않고 살아남아야 하는 사업의 하나는 박물관이어야 한다. 꼭 그렇게 되길 빌고 또 빈다.

쌀박물관에서 싸라기박물관으로

●●● 2012년 국내 최초로 쌀 전문박물관이 탄생했다. 쌀 소비 확대에 도움을 주고자 세운 새로운 개념의 전문박물관이다. 쌀박물관 탄생은 쌀을 주식으로 해서 살아온 우리 민족에게는 늦었지만 반가운 일이다.

애초 쌀박물관 건립은 야심 차게 출발했다. 기존 건물의 3개 층을 활용해 전시와 체험, 교육을 아우르는 복합문화공간으로 조성할 계획이었다. 그러다가 공간 협의 과정에서 1, 2층만 활용하기로 결정됐다. 설계 단계에서 한 개 층이 줄어든 것이다. 제1차 축소 사건이었다.

쌀로 치자면 벼에서 왕겨를 벗겨 낸 현미가 된 셈이다. 현미는 저장성이 좋고 충해나 미생물의 피해가 적을 뿐 아니라, 지방, 단백질, 비타민 B1, B2가 풍부한 쌀이다. 그러나 맛이 백미보다 떨어지고 영양분이 충분히 흡수되지 않으며 밥 짓기가 어려워 주부들이 꺼리는 쌀이다.

쌀박물관 요리교실

쌀박물관 개관 당시에는 120평 규모의 전시실과 요리체험실 2개, 교육장 2개, 카페와 휴게공간 등을 두루 갖춘 제법 번듯한 박물관이었다.

알찬 내용과 흥미로운 프로그램으로 소문이 나면서 순식간에 예약이 마감되는 인기 박물관이 되었다. 특히 젊은 학부모와 초등생들이 적극적으로 SNS 홍보 활동에 동참하면서 요리체험 명소가 되었다.

홍보와 요리체험 등 각 분야에서 전성기를 구가하고 있을 무렵, 공간 배치를 담당하는 부서에서 쌀박물관의 중요공간인 교육장의 일부를 다른 업무공간으로 활용해야 하니 양보해 달라고 요구했다.

박물관 시설과 운영에 관해 변형이나 축소 요구를 받았을 때 전가의 보도처럼 내세우는 명분이 '농민 조합원과 관람객들의 민원이 우려돼 곤란하다'인데, 별 소용이 없었다. 이때 교육장을 1개로 통합하고 규모도 줄였다. 제2차 축소 사건이었다.

다행히 크게 표시가 나진 않았고 운영에도 별 어려움은 없었다. 다만 조금 아쉬울 뿐이었다. 그리고 또 양보 요구가 있을지도 모른다는 불길한 예감이 들었다. 2차 사건은 쌀로 치자면 현미가 5분도 쌀이 된 셈이다. 5분도 쌀은 현미 중량의 5% 정도가 감소한 쌀을 말하는데, 그래도 쌀겨와 쌀눈이 온전히 남아 있어 영양이 풍부한 쌀이다.

5분도 쌀이 온전한 쌀이듯이 시설의 10% 정도를 떼어준 쌀박물관은 이때까지만 해도 온전한 박물관이었다. 그러다가 또 몇 년의 세월이 흘렀다. 예상한 대로 시설의 일부를 떼 달라는 요청이 왔다. 이번에는 교육장 전부와 체험실 일부였다.

5분도 쌀이 10분도 쌀로 줄어든 셈이다. 10분도 쌀은 현미 중량의 10% 정도가 감소한 쌀로 쌀겨와 쌀눈이 거의 제거된 쌀이다. 제3차 축소 사건이었다.

박물관 주요 시설인 교육장을 없애고 체험장을 축소한 쌀박물관은 쌀겨와 쌀눈이 제거된 10분도 쌀처럼 영양가 없는 시설이 되고 말았다. 영양가 없는 쌀박물관에서 그래도 영양가 있는 프로그램을 잘 운영하고 있었는데, 또 일부 공간을 다른 용도로 활용하겠다고 했다.

이번에는 체험장 2곳 중 한 곳만 해도 되지 않느냐였다. 당랑거철螳螂拒轍이든가. 사마귀가 수레바퀴를 막지 못하듯 조직의 대의를 따를 수밖에 없었다.

'개인은 조직을 이길 수 없고, 民은 官을 이기지 못한다'라는 장삼이사의 냉소를 너무 잘 알기 때문이다. 사실 그 당시에는 코로나19 팬데믹으로 휴관 중이어서 양보를 거부 할 명분도 없었다. 제4차 축소 사건이었다.

쌀과 비교하자면 12분도 쌀이 된 셈이다. 12분도 쌀은 쌀겨와 쌀눈이 완전히 깎여 나가서 영양소 손실이 매우 큰 쌀이다. 4차 축소 사건으로 전시실과 체험장 달랑 한 곳만 남게 되었다. 박물관 유지에 필요한 최소한의 시설이라 할 수 있다.

쌀박물관 입간판

이렇게 쌀박물관이 언제 사라질지 모르는 바람 앞의 등불 신세가 되고 나니 10여 년 전 한창 공사 중일 때 어느 부서장이 했던 말이 생각났다. 그는 '이 박물관이 그리 오래 가겠어요. 몇 년 지나면 다른 공간으로 활용하려고 하겠지요. 아마 5년을 버티기 힘들거요'라며 앞날을 걱정했다.

그 부서장은 이미 이때부터 쌀박물관의 운명을 내다보고 있었다. 지금 상황에 맞닥뜨려 보니 부서장의 예리한 선견지명에 놀랄 따름이다. 짬밥의 힘이 세긴 세다. 그래도 5년이 지나 10년째 아슬아슬하게라도 버티고 있으니 부서장의 예상은 반은 맞았고 반은 틀린 셈이다.

4차 축소 사건까지 겪으면서 쌀이 오래되면 싸라기가 돼 떡 해 먹듯이 쌀박물관이 사라지지 않을까 하는 걱정을 해본다. 제발 기우이기를 바라면서, 대한민국 원조 쌀박물관이 비록 그 시작은 창대했으나 끝이 미약해서는 안 될지어다.

농산물박물관

●●● 우리나라에는 다양한 농산물들이 생산되고 있다. 기후와 지형에 따라 적합한 농작물을 재배하고 있는데, 최근에는 수익성을 고려한 재배방식으로 변하고 있다. 생산된 농산물을 원활히 판매할 수 있도록 지자체나 농업단체들은 여러 홍보 활동을 벌이고 있다. 홍보관, 전시관, 역사관, 체험관 등을 설치하여 판매 활동에 나서고 있다.

서울특별시 중구에 농협 쌀박물관이 설립되고 2년 뒤에는 전남 영암에 있는 농업박물관에서 부설 쌀박물관을 개관했다. 전남은 오래전부터 쌀농사를 지어온 우리나라의 곡창지대다. 임금님표 쌀로 유명한 경기이천에는 쌀을 이용한 다양한 체험을 할 수 있는 쌀테마파크도 있다. 쌀을 주식으로 하는 나라답게 쌀 관련 시설들이 많은 편이다.

농산물 관련 전시 홍보 시설로는 경북 영주에 콩세계과학관이 있다.

남편을 기증해도 되나요

영주의 독창적인 콩 품종인 부석태를 알리기 위한 시설이다. 이 밖에 영주에는 사과홍보관, 인삼박물관이 있는데, 영주시의 농산물 홍보 활동 노력이 돋보이는 대목이다. 경남 남해에는 마을의 고장답게 마늘박물관인 '보물섬 마늘나라'가 있는데, 입구에 있는 대형 마늘 모형이 눈길을 끈다. 빗돌에 흥미로운 마늘 시가 있어 인용해 본다.

나도 여자지만
뽀얀 속살 훔치는 재미가 무슨 재미냐
그런 말은 차마 못하겠다.
벗겨 보면 안다
쪽마다 반들반들 모두 예쁘다
제 아무리 예쁜 애첩도
질투의 독기는 어쩔 수 없는 모양인지
그녀를 벗긴 손톱밑이 알싸하니 맵다
그러나 갈치국 한 대접 후루룩
해치운 후에야 알 것 같다
그 탱탱하고 말간 것이
으깨져 곤죽이 되더라도
제 존재를 드러내지 않는 열녀였음을

마늘 시설은 경북 의성에도 있다. 예로부터 배로 유명한 전남 나주에는 배박물관이 있다. 나주배의 사계, 고문헌으로 본 배, 배 재배에 쓰던 농기구, 배를 원료로 해서 만든 가공식품 등이 전시돼 있다.

쌀, 곶감, 누에고치가 유명해 예로부터 삼백의 고장으로 널리 알려진

나주 배박물관

군위 대추 화장실

남편을 기증해도 되나요

상주 곶감공원 감락원

경북 상주에는 곶감테마파크와 명주박물관이 있다. 매년 곶감축제를 열어 상주곶감을 전국에 알리고 있다. 곶감을 주제로 하는 다양한 이야기 프로그램도 운영하고 있다.

이 밖에 제주 감귤박물관, 성주 참외홍보관, 괴산군 청결고추박물관 등 여러 농산물 시설들이 있다. 청양군에는 고추문화마을고추박물관이 있는데, 세계고추전시관, 자연생태관을 통해 고추 역사와 청양고추 제품을 소개하고 있다. 청양읍내에는 가로등도 고추 모양으로 돼 있다.

영양군 선바위관광지 부근에는 영양고추전시홍보관이 있고, 보은군 장안면 속리산 둘레길 초입에는 대추홍보관이 있다. 충주시 동량면 대전리 충주사과시험장 내에는 충주사과홍보관이 있다.

영광군 대마면에는 보리홍보체험관이 있는데, 보리농사가 사양기인

이천 농업테마공원

영주 콩세계과학관

데 역발상으로 보리농업을 활성화하여 주목을 받고 있다. 찰보리가루, 찰보리쌀, 찰보리식혜 등 가공제품도 개발해 보리 소비에 노력하고 있다. 굴비로 유명한 영광의 이미지에 보리를 결합해 보리굴비의 상품화에도 성공했다.

창원시 의창구에는 단감테마공원이 있고, 음성군 감곡면에는 감곡복숭아홍보관, 옥천군 청성면에는 옥천포도홍보관, 김천 대항면에는 김천포도홍보관이 각각 있다. 물론 이런 시설들은 시기별로 한시적으로 운영되기도 하고, 지금은 운영하지 않는 곳도 있을 수 있다. 다만 각 지방의 특산물을 홍보하기 위한 노력과 시도를 기록하기 위해 여기서 언급하는 것이다.

이 밖에 군위군에는 대추 홍보를 위해 화장실 외관을 대추 모양으로 한 곳이 있으며, 청송군에는 버스정류소를 사과 모양으로, 의성군은 마늘 모양으로 설치해 지역특산물을 알리고 있다. 이 땅에 더 많은 농산물 홍보박물관이 탄생하기를 기대해본다.

동물박물관

●●● 인간은 오래전부터 가축을 길러왔다. 야생의 짐승을 길들여 유익한 가축으로 만든 것이다. 동물의 힘을 이용하여 농사를 지었고, 이동도 하고, 짐도 날랐다. 또한 용맹성을 활용해 집이나 재산을 지켰고, 먹을거리를 얻기도 했다. 가축들이 인간과 오랫동안 함께해 왔지만, 안타깝게도 우리나라에 이들과 관련한 시설들은 그리 많지 않다.

속담에 '개나 소나 다 한다'는 말이 있다. 아마 개와 소가 가장 흔한 동물이었는가 보다. 개가 먼저 나오는 것으로 봐서 소보다는 개가 더 흔했던 모양이다. 개는 흔하기도 하지만 인간에게 가장 친숙한 동물이기도 하다. 특히 최근에는 반려견이라 해서 가족처럼 여긴다. 그래서 개와 관련된 시설들이 더러 있다.

전남 진도군에는 '진도개테마파크'가 있다. 천연기념물 제53호인 진

돗개의 혈통을 유지·보존하기 위해 만든 복합문화공간이다. 진돗개홍
보관, 진돗개53카페, 애견캠핑장, 강아지동산, 돌아온 백구 생가 등 흥
미로운 시설들이 있다.

　몇 년 전 방문했을 때 개 짖는 소리에 놀라 도망을 친 적도 있다. '짖
는 개는 물지 않는다'는 서양속담이 맞는지 차마 시험할 수 없었다. 진
도군 의신면에는 백구테마센터가 있다. 역시 진돗개 관련 공간이다. 임
실에는 '오수의견공원'이 있다. 주인을 살리고 자신을 희생한 의로운 개
의 충성스러움을 기리는 곳이다.

　옛 농경시대에 인간에게 도움을 가장 많이 준 동물은 소다. 무엇보다
도 큰 도움은 농부에게 노동력을 제공해 준 것이었다. 인간은 일찍이 소
를 길들여 농사일에 이용했다. 이처럼 소가 오랫동안 우리에게 많은 도
움을 주었음에도 소를 위한 시설은 거의 없다. 아쉽게도. 굳이 찾자면

진도개테마파크

한국마사회 말박물관

제주 가시리 조랑말박물관

청도소싸움테마파크가 있다. 그러나 이는 소를 위한 시설이 아니라 소를 이용해 인간이 즐기는 레저시설이다.

전통농업에서 스마트농업으로 영농의 대전환시대를 맞아 소의 역할도 노동력 제공에서 먹거리 제공으로 바뀌었다. 따라서 농경시대 소의 역할을 재조명해보는 소 관련 박물관이나 문화시설의 탄생을 기대해본다.

인간과 친숙한 동물에는 말도 있다. 말은 주로 이동용으로 활용했지만, 제주에서는 농사일에도 쓰였다. 말과 관련한 박물관으로는 한국마사회가 운영하는 경기 과천의 마사박물관이 있다. 이곳에는 운반이나 이동에 활용된 말 도구들이 있다. 말에게 사용된 물건을 보여주는 곳이니 말을 위한 곳이라 주장할 수 있다.

고려 때 대규모 말 사육지로 알려진 제주에는 말박물관이 있다. 서귀포시 표선읍 가시리에 있는데 우리나라 최초의 이립里立 박물관이다. 사정은 잘 모르겠지만 몇 년 전 가보니 문이 굳게 잠겨 있었고 운영은 안

이천 돼지박물관 전시실

하고 있는 듯했다. 경기 안성 팜랜드에는 승마체험장이 있다. 역시 말을 위한 곳이 아니라, 말을 이용해 인간이 즐거움을 얻는 곳이다.

경기 이천에는 돼지박물관도 있다. 돼지의 냄새와 혐오스러움 등을 제거하고 친근한 동물 이미지를 보여주고 있다. 강원도 원주에는 돼지 복합문화공간인 돼지문화원이 있다.

2000년대까지만 해도 닭박물관이 있었는데, 우여곡절 끝에 사라졌다. 다만 주식회사 하림이 익산공장에 닭고기 홍보전시관을 운영하고 있다. 염소, 양, 토끼 등과 관련된 시설들은 본 적도 없고 들어본 적도 없다. 그렇다고 꼭 있어야 한다는 것도 아니다.

남편을 기증해도 되나요

재미있는 박물관 이야기

　　●●●　우리나라 박물관의 효시는 1909년 문을 연 제실박물관이다. 그해 11월 1일 황실에서 비장秘藏해 온 문화재를 일반 국민들에게 공개한 것이 박물관의 출발이다. 그 당시 제실박물관은 창경궁 안에 있었는데, 따로 건물을 짓지 않고 기존의 환경전, 명정전, 양화당을 비롯하여 부속 전각 7개 동을 개조하여 전시실로 꾸몄다. 영춘헌과 집복헌은 사무실로 사용하였다.

　이렇게 시작한 박물관이 110여 년이 지난 지금은 수적으로는 이미 1,000개를 훌쩍 넘어섰고 내용 또한 다양화되는 등 엄청난 성장을 가져왔다. 바야흐로 박물관 르네상스 시대라고 할 수 있다.

대박은 있고 쪽박은 없다
　요즘 SNS나 사이버 공간에는 줄임말이 넘쳐난다. 이런 현상은 일상

생활에서도 흔하게 사용돼 줄임말을 모르면 대화가 안 될 지경이다. 예를 들면 보조배터리는 '보배', 순간 삭제는 '순삭', 영혼까지 끌어모은다는 '영끌', 빚내서 투자하는 것을 '빚투', 이런 식이다.

줄임말 현상은 박물관에도 예외는 아니어서 박물관 종사자들은 박물관을 칭할 때 대부분 줄임말로 부른다. 가령, 국립박물관은 '국박', 민속박물관은 '민박', 국립중앙박물관은 '중박', 농업박물관은 '농박', 쌀박물관은 '쌀박'이라 하는데, 보통 3인칭으로 사용된다.

그러다 보니 재미있는 호칭들이 많다. '박'자가 들어가서 그런지 화투놀이고스톱를 연상시키는 단어가 많다. 알다시피 화투놀이는 '도박' 성격이 강한데 박물관에도 '도박'이 있다. 경기도 광주 곤지암에 있는 경기도자박물관이 '도박'이다.

실제 도박에는 대박이 없지만, 박물관에는 '대박'이 있다. 2012년 서울 세종대로에 들어선 대한민국역사박물관을 보통 '대박'이라 한다. 줄임말의 최대 수혜자라고 할 수 있다. 이름대로 대박 나길 기원한다.

대박서 그리 멀지 않은 곳에는 국립고궁박물관은 '고박'으로 경복궁 경내에 있다. 2005년 광복 60주년을 기념해 개관하였다. 화투판에서 고박은 과욕에서 발생하는데, 과욕부리지 않는 고박이 되기를 바란다.

고박과 쌍벽을 이루는 '박'이 '독박'이다. 울릉도에 있는 독도박물관을 '독박'이라 하는데 독박에는 독도가 우리 땅이라는 것을 증명하는 다양한 자료들이 있다. 일본이 독도를 자기네 땅이라고 우기면 '독박'을 쓸 수 있다는 것을 암시하는 듯하다. 도박의 종착지는 쪽박이다. 만고불변의 진리다. 다행히 대한민국에는 아직 '쪽박'은 없다. 영원히 나오지

남편을 기증해도 되나요

않길 기대한다.

이 밖에 자주 부르지는 않지만, '수박'수도박물관, '잡박'잡지박물관, '지박'지적박물관, '소박'소수박물관, '명박'명인박물관, '허박'허준박물관, '경박'경찰박물관, '호박'호림박물관, '마박'마사박물관, '떡박'떡박물관, '우박'우정박물관 등도 있다. 듣고 보니 어감이 좀 거시기하다.

별난 박물관

박물관의 양적 증가와 더불어 다양한 박물관이 많이 탄생했다. 이름만으로는 도무지 무엇을 전시하는 곳인지 아리송한 곳들이 많다. 다음 박물관들의 전시물이 어떤 것인지 알아맞혀 보시라.

제주에 있는 다빈치박물관, 뮤지엄 몸, 믿거나말거나박물관, 박물관은살아있다, 본태박물관, 남양주 무의자박물관, 원주시 뮤지엄 SAN, 대구의 박물관 수, 광주광역시 비움박물관, 경기도 광주 사람박물관 얼굴, 서울시 종로구 쉼박물관, 강릉시 엄마꿈박물관, 용인시 예아리박물관, 전남 강진 와보랑께박물관, 익산시 충간공보물 제651호박물관, 서울시 성동구 헬로우뮤지엄, 여주시 옹청박물관.

어떤가. 알 수 있겠는가. 궁금하다면 일단 방문해 보시기 바란다.

문화체육관광부가 발간한 〈전국 문화기반시설 총람〉을 보면 대한민국 등록 박물관 중에서 이름이 가장 긴 박물관은 제주도에 있는 '설문대여성문화센터여성역사문화전시관'으로 자그마치 18자나 된다 '김수한무거북이와두루미삼천갑자동방삭치치카포사리사리센타워리워리세브리깡무두셀라구름이허리케인에담벼락담벼락에서생원...' 보다야 조족지혈鳥足之血이지만, 그래도 박물관 이름으로는 지존이다.

현실에서는 어떻게 부르는지 모르겠지만, 간판은 '제주여성역사문화전시관'으로 돼 있다. 명함 파는 것도, 근무처를 소개하는 것도 번거로울 것 같다. 괜한 걱정인가. 그러나 뭐니 뭐니 해도 진짜 별난 박물관은 '별난물건박물관'이 아닐까. 왠지 여기에는 별난 물건들이 별나게 많을 것 같다는 생각이 별나지 않게 든다.

섬 박물관

우리나라에서 가장 큰 섬인 제주도에는 100여 개가 넘는 박물관 시설이 있다. 가장 핫한 관광지다 보니 별의별 박물관들이 다 있다. 비행기로 쉽게 갈 수 있어 어지간한 뭍보다 오히려 접근성이 좋은 편이다. 오로지 배로만 갈 수 있는 영원한 섬인 울릉도에는 독도박물관과 안용

신안 증도 소금박물관

남편을 기증해도 되나요

비금도 이세돌기념관

복기념관이 있다.

천일염으로 유명한 신안 증도에는 소금박물관이 있다. 박물관 건물은 이 지역 석산에서 발파한 돌을 사용하여 만든 소금창고를 활용한 것이다. 비금도에는 이세돌바둑기념관이 있는데, 비금도 출신인 천재 바둑기사 이세돌은 인공지능 알파고와의 대결에서 인간으로서는 유일하게 승리를 거둔 기사로 유명하다.

신안 하의도에 있는 하의3도농민운동기념관은 이곳이 지주를 상대로 한 소작농들의 농민운동이 활발했던 지역임을 보여주고 있다. 고흥군 소록도에는 국립소록도병원한센병박물관이 있고 거금대교 건너 거금도에는 김일체육기념관이 있다. 박치기로 유명한 레슬러 김일의 일대기를 소개하고 있다.

섬이야기 박물관(소무의도)

소록도 한센병박물관

남편을 기증해도 되나요

영화 서편제와 드라마 봄의 왈츠 촬영지로 널리 알려진 완도 청산도에는 '읍리향토문화예술관'이 있는데, 청산도 주민들이 쓰던 각종 농경 민속자료들이 보관돼 있다.

이들 작은 섬 말고 제법 큰 섬인 강화도, 거제도, 남해도, 진도 등에도 다양한 박물관들이 있다. 아무래도 섬 이야기를 가장 잘 들려주는 섬박물관은 인천시 영종도 소무의도에 있는 '섬이야기박물관'이 아닐까 한다.

7장

우리 농산물 이야기

밭에서 나는 고기, 콩

대학나무, 감귤나무

식탁 위의 감초, 마늘

보리 없는 보릿고개

감, 홍시, 곶감

벼는 쌀이 되고, 쌀은 밥이 된다

원더풀! 미나리

밭에서 나는 고기, 콩

●●● 콩은 흔히 '밭에서 나는 고기'로 불릴 정도로 단백질이 풍부한 식품이다. 40%의 단백질과 18%의 지방, 8.5%의 수분, 7%의 당분이 함유되어 있다. 따라서 우리에게 필요한 영양분을 골고루 제공해 주는 식품이라 할 수 있다.

콩은 발효를 시켰을 때 영양이 더 풍부해지는데, 발효 콩에는 펩타이드가 생성되어 콜레스테롤 감소, 인슐린 조절, 혈압 강하, 항산화 효과 등이 있는 것으로 알려져 있다.

콩은 원산지가 한반도와 만주지역으로 알려진 오랜 역사를 가진 토종 작물이다. 두만강 주변에는 콩 재배가 많아 콩이 둥둥 떠다닐 정도였다고 해서 豆滿江두만강이 되었다고 한다. 언제부터 한반도에서 콩이 재배되었는지는 정확히 알 수 없지만, 출토 유물로 봐서 청동기 시대부터 본격적으로 재배되었을 것으로 추정된다.

‘콩’이라는 한글 이름이 문헌에 최초로 등장하는 곳은 15세기 지어진 훈민정음 해례본이다. 여기에 ‘콩爲大豆’로 표기돼 있다. 대두는 곧 콩이라는 뜻이다. 이로 미루어 콩은 오래전부터 ‘콩’으로 불렸을 것으로 보인다.

1527년 최세진이 지은 〈훈몽자회〉에는 ‘菽’은 ‘콩 슉’으로 기록돼 있다. 〈삼국사기〉, 〈임원경제지〉, 〈농정신서〉 등에는 콩은 주로 한자 菽, 豆, 太 세 가지로 표기돼 있다. 콩에 관한 기록은 여러 문헌에 등장하는데 삼국사기에는 ‘서리가 내려 콩이 상하였다’고 했으며, 신문왕이 메주와 장을 혼례 예물로 보냈다는 기록도 있다. 〈삼국유사〉에는 혜통스님이 흰콩과 검은콩으로 신력을 부려 당나라 공주의 병을 낫게 했다는 이야기도 나온다.

콩은 오랜 역사를 지니고 있으면서 보편적으로 재배된 탓에 언어에도 콩과 관련한 이야기들이 많이 배어 있다. 요즘은 잘 사용하지 않지만 과거에는 바보를 흔히 ‘숙맥’이라고 했다. 콩인지 보리인지 분별 못한다는 ‘숙맥불변菽麥不辨’에서 나온 말이다. 가족들이 협심하지 않고 제멋대로인 집안을 ‘콩가루 집안’이라고 한다. 콩가루는 잘 뭉쳐지지 않기 때문에 그렇게 비유한 것이다.

1970년대 까지만 해도 교도소에서는 콩밥을 줘서 교도소 들어가는 것을 ‘콩밥 먹는다’고 했다. 볼일 보러 가서 도무지 돌아올 줄 모르는 경우를 ‘콩 팔러 갔다’고 한다. 빠른 속도로 일을 처리하는 것을 ‘번갯불에 콩 볶아 먹듯’이라고 하고, 빽빽이 들어선 모양을 ‘콩나물시루’, 학생 수가 많은 교실을 ‘콩나물교실’이라고 한다.

여름철 땀이 많이 나는 것을 흔히 ‘콩물처럼 난다’고 하고, 열심히 일하면서 흘리는 땀을 ‘비지땀’이라고 한다. 여기서 비지는 콩으로 두부를

콩 타작하는 농부(김상호 작)

제7장 우리 농산물 이야기

만들고 난 찌꺼기를 말한다. 모두 일상생활의 여러 현상을 콩에 비유한 말이다. 이처럼 콩은 우리의 삶과 의식에 뿌리 깊이 박혀 있는 식품이다.

콩은 문학 소재로도 많이 활용했는데 전래동화 〈콩쥐팥쥐〉는 주인공 이름에 콩과 팥을 붙였고, 도연명은 '남산 아래에 콩 심으니 풀은 무성하고 콩 싹은 드물구나'며 콩을 소재로 시를 읊기도 했다.

부산지역에는 '콩하나 풀하나 니덕에 주 묵고'하는 노래가 전승되고 있다. 김유정은 '금따는 콩밭'에서 콩밭에서 금이 나온다는 이야기를 하고 있으며, 오영수는 '요람기'에서 콩서리 얘기를 하고 있다. 콩을 이용한 민속놀이도 많은데, 콩으로 윷을 만들고 콩으로 점을 치기도 했다.

콩으로 만든 음식은 매우 많은데 대표적 음식이 두부이다. 추사 김정희는 '대팽두부과강채 大烹豆腐瓜薑菜'라 하여, 가장 맛있는 음식으로 두부, 오이, 생강, 나물을 꼽으며 그 중에서도 두부를 최고의 음식으로 쳤다.

중국의 소설가 겸 문명비평가인 임어당은 중국의 가장 자랑스런 식품으로 두부를 꼽았다. 이밖에 콩을 원료로 한 식품으로는 콩간장, 콩고추장, 비지찌개, 콩탕, 콩기름, 콩식초, 두부과자, 콩잼, 청국장 등 무수히 많다.

콩과 관련한 속담으로는 '콩 심은 데 콩 나고 팥 심은 데 팥 난다', '콩죽은 내가 먹고 배는 남이 앓는다', '콩을 팥이라 해도 곧이 듣는다', '콩 심어라 팥 심어라 한다', '콩도 닷 말, 팥도 닷 말', '이 아픈 날 콩밥 한다', '가마 속의 콩도 삶아야 먹는다', '가뭄에 콩 나듯 한다', '늙은 소 콩밭으로 간다' 등이 있다.

무엇인가 이득이나 흥미가 있는 것에만 관심을 두고 정신을 파는 경우를 흔히 '마음이 콩밭에 가 있다'고 한다. 보리밭이나 배추밭이 아니고 콩밭에 비유한 것은 그만큼 흔하게 심었다는 의미다.

콩 조형물

어릴 적 콩이 심겨 있는 논둑길을 걸어서 학교를 다녔다. 그 당시에는 콩 재배를 국가 시책으로 장려하여 모든 논둑에 콩을 심게 했는데, 그것도 두 줄로 심도록 했다. 학교는 한 교실에 약 70여 명이 넘는 일명 '콩나물교실'이었으며, 도시락 반찬은 콩자반이나 두부구이가 많았다. 하교 후 집에 오면 맨 먼저 하는 일이 콩나물시루에 물을 주는 일이었다.

가을에는 콩밭에 가서 콩대를 뽑아 콩 타작을 했으며, 가끔 남의 밭에 들어가 콩서리를 하기도 했다. 콩 수확 후에는 마당에 콩을 펼쳐서 말리며 겨울이 되면 콩을 삶아 메주를 쑤었다. 그땐 아무 집에나 메주 틀에 메주가 달려 있었는데, 저녁에 함께 모여 메주의 귀퉁이를 뜯어먹는 버릇이 있었다.

이후 사회생활을 하면서 주로 두부조림이나 순두부찌개, 비지찌개, 청국장 등을 좋아해 두부 전문식당을 많이 찾게 됐다. 콩을 팥이라 해도 곧이 듣던 순진함이 거친 세파를 거치면서 콩으로 메주를 쑨다 해도 잘 안 믿는 의심증 많은 사람으로 변해가고 있다.

당면을 가공해도 되나요

당연한 일이겠지만 큰 집?에 가서 콩밥 한번 안 먹고 살아온 나 자신이 자랑스럽고 대견스럽기도 하다. 내가 어릴 때는 거들떠보지도 않던 콩잎을, 그것도 생 콩잎을 도시 사람들이 먹는 것을 보고 좀 미개하다는 생각을 한 적이 있었다. 콩 이야기를 쓰면서 서울의 어느 두부 전문식당에 걸려 있는 글이 생각나 일부를 옮겨 본다.

밭의 쇠고기인 콩은 양질의 식물성 단백질을 함유한 가장 우수한 식품으로써 쌀을 주식으로 하는 우리에게는 꼭 필요한 식품이다. 모든 병은 먹는 대로 생기므로 지나친 육식 선호나 서구화한 식생활 등이 건강에 미치는 영향을 재고해야 한다. 우리 선조들은 슬기와 지혜로 관리와 조리가 까다로운 콩에서 단백질과 지방질을 얻는 영양공급원으로 삼았던 것이다. *깨끗한 피를 유지하려면 콩을 먹어라.*후략)

제주도 콩밭

대학나무, 감귤나무

●●● 　내가 귤을 처음으로 본 것은 1960년대 말쯤이다. 이웃이 서울을 다녀와서 귤이라 하며 내민 것이 귤과의 첫 만남이었다. 귤의 첫 맛은 기억나지 않지만, 모양만큼은 선명하게 기억하고 있다. 아주 특이했기 때문이다. 그때 내가 받은 귤은 지금의 노랗고 둥근 모양의 귤이 아니고 껍질을 깐 알맹이의 한 조각이었다. 그러니까 초승달처럼 생긴 한 조각을 받은 것이다.

그 후로 나는 한동안 귤이 원래 초승달처럼 생겼다고 생각했다. 이후 언제부터인지는 모르겠으나 지금의 귤을 접하게 되었다. 요즘 세대들이 들으면 얼토당토않은 말이라고 할지 모르나 귤이 귀할 때 이야기니 그럴 수도 있었다. 어쨌든 귤에 대한 나의 추억은 이렇게 황당하고 촌스럽게 시작됐다.

오늘날 우리가 흔하게 먹는 귤은 1910년대 생식용으로 개량된 온주밀감이다. 이전에는 주로 약재용, 진상용으로 쓰인 재래종 귤이었다. 우리나라에서 감귤이 언제부터 재배됐는지는 확실치 않다. 다만 일본의 역사서 〈비후국사肥後國史〉에 '삼한에서 귤을 가지고 와 심게 하였다'는 기록과 〈고사기〉와 〈일본서기〉에 '신라 초기 상세국으로부터 귤을 수입하였다'는 기록이 있는 것으로 봐서 삼국시대 이전부터 재배되었던 것으로 보인다.

이후 조선 시대에는 국가에서 과원果園을 운영할 정도로 감귤 재배가 성행하였다. 이때 귤이 동정귤, 병귤, 청귤 등이었다. 감귤의 야생종은 히말라야 남부와 동남아시아 아열대 지역 등 넓은 지역에 분포하고 있다.

최근 들어 감귤의 원산지가 800만 년 전 히말라야로 밝혀지기도 했다. 이러한 야생종 감귤을 재배종으로 재배하기 시작한 것은 중국이다. 옛 감

감귤 선별 작업

귤은 제사 때 제물로 쓰이거나 특별한 날 왕이 하사하는 매우 귀한 과일이었다. 그래서 감귤을 하사받고 감격하여 쓴 시, 진상품목에 대한 검소를 강조하는 상소문, 감귤과 관련된 일화 등 다양한 기록들이 전한다.

세조가 제주 안무사에게 내린 글에 감귤에 대한 내용이 나오는데, 이를 통해 감귤은 제사용과 손님 접대용으로 매우 중요하다는 것을 알 수 있다. 감귤 중에는 금귤, 유감, 동정귤이 최상품이고, 감자, 청귤이 중품이며, 유자, 산귤을 하품이라고 했다. 이처럼 재래감귤의 종류는 문헌에 따라 16종이나 파악되나, 현재 남아있는 재래종은 당유자, 사두감, 지각, 편귤, 유자, 병귤, 동정귤, 감자, 청귤, 빈귤, 진귤, 홍귤 등 12종이다.

감귤 진상은 〈삼국사기〉, 〈고려사〉, 〈조선왕조실록〉에 여러 번 나오는데, 탐라순력도의 감귤 봉진에는 감귤 진상의 모습이 그림으로 그려져 있다. 감귤 진상은 조세와는 달리 별도 규정이 없어 지방관들이 스스로 마련하였다.

따라서 진상에 대한 폐단은 해가 갈수록 심해졌고 제주 백성들의 고통은 이루 말할 수가 없었다. 백성들의 감귤 진상에 대한 원성은 높아갔고, 이를 무마하기 위해 감귤 재배 농가에 상을 주기도 했다. 일부 농가들은 관리들의 횡포가 너무 심해 감귤나무를 아예 뽑아 버리기도 했다.

감귤 공물제도는 1884년 갑오개혁으로 폐지되었다. 감귤이 왕에게 진상하는 귀한 과일이었음을 알 수 있는 것으로 '황감제'라는 과거시험이 있었다. 황감제는 성균관과 사학 유생만을 대상으로 실시한 특별 과거로, 시험을 치르는 유생들에게 감귤을 나눠주었다고 해서 황감시, 감제라고도 하였다.

귤껍질인 진피는 비타민이 풍부하여 차로 다려 마시거나 한약재로 쓰였다. 귤이 귀하다 보니 겉껍질인 청피, 속껍질인 진피도 당연히 귀했

거금도 귤밭

제주도 귤밭

제7장 우리 농산물 이야기

다. 〈조선왕조실록〉에는 영조의 병을 낫게 하기 위해 계귤차桂橘茶를 마셔 온기를 되찾았다는 기록도 있다.

정조는 어머니 혜경궁 홍씨에게 자주 귤차를 달여 올리게 했고 자신도 기혈을 통하게 하느라 향귤차를 자주 마셨다. 〈동의보감〉을 비롯한 여러 한의서에도 감귤의 귤피, 씨, 청피 등이 약용으로 자주 사용되었다는 기록이 있다.

전국 감귤 생산량의 97%가 제주도에서 나오지만, 재배기술 발달과 품종개량으로 내륙으로도 재배지역이 확대되고 있다. 전남 고흥의 거금도, 전남 완도의 소안도, 경남 통영의 욕지도에서는 이미 오래전부터 노지 상태로 재배해 왔고, 지배지역은 계속 확대되고 있다.

감귤은 생과로 많이 먹지만 근래에는 다양한 종류의 가공제품들이 나와 먹는 즐거움을 더해주고 있다. 감귤을 원료로 하는 가공식품으로는 초코파이, 타르트, 파이, 초콜릿, 과자, 칩, 음료, 젤리, 유과, 비타민 등 아주 다양하다.

제주는 감귤 주산지답게 우리나라 최초의 감귤나무가 있다. 제주 최초의 하귤나무로 알려진 나무는 현재 서귀포시 감귤박물관 마당에 심겨 있으며 지금도 귤이 주렁주렁 열리고 있다. 애월읍 광령리에는 제주특별자치도 기념물 26호인 귤나무가 있는데, 제주산 재래 귤로 알려진 동정귤이다. 수령은 300년쯤으로 추정되며, 귤 크기는 온주밀감보다 작다.

제주시 도련동에는 천연기념물 523호인 도련귤나무가 있고, 애월읍 상가리에는 수령 380년 된 진귤나무가 보호수로 지정돼 있다. 서귀포시 서홍동에는 제주 최초의 온주밀감나무가 있는데, 고령으로 고사 직전에 있다. 이 나무는 1911년 제주 자생 왕벚나무를 일본에 보내준 답례로 일본으로부터 받은 미장온주나무다.

남편을 기증해도 되나요

제주 최고령 하귤나무

　50여년 전 온전한 귤 하나 제대로 못 봤던 슬픈 기억이 나를 귤의 세계로 이끌었다. 잠시나마 귤에 몰입해 전국을 다니며 귤 농가와 귤나무를 찾았다. 처음엔 제주도만 섭렵하면 될 줄 알았는데, 파헤칠수록 감귤 이야기는 고구마 줄기처럼 여기저기서 나왔다. 난생처음 통영 욕지도, 완도 소안도, 보길도까지 배를 타고 갔다. 고흥반도를 지나 소록대교 건너 거금도까지 가게 되었다. 나주의 한라봉 작목반도 알게 되었다.

　정말 '세상은 넓고 감귤은 많았다.'. 감귤의 세상을 알게 해주고 몸소 겪은 주옥같은 감귤 이야기를 전해준 감귤 재배농민들께 고마움을 전한다. 한때는 감귤나무 한그루면 대학까지 보낼 수 있디 해서 대학나무라고도 불렀다. 이제 그 감귤나무가 초등학교 나무쯤으로 전락한 것 같아 씁쓸하다.

식탁 위의 감초, 마늘

　　●●● 마늘은 오랜 역사를 가진 우리 농산물
이다. 오랜 역사만큼이나 우리의 식탁 위에 꾸준히 올라왔고 지금도 애
용하고 있다. 마늘이 오랫동안 우리 입맛을 사로잡고 있는 이유는 독특
한 맛과 효능 때문이다. 마늘은 몸을 따뜻하게 하여 기운을 내게 하며
해열과 복통 완화에 도움이 된다. 이집트의 피라미드를 완성할 수 있었
던 힘도 마늘에서 나왔다고 한다.

　　마늘은 삼국사기에 '산원蒜園'으로 등장한다. 즉, '입추후해일산원제
후농立秋後亥日蒜園祭後農'으로 '입추 후 해일에 산원에서 후농에게 제사
지냈다'고 하였는데, 이 산원이 마늘 관련 시설로 보인다. 이후 삼국유
사에 '산蒜'이라는 글자가 등장하는데, 환인이 환웅에게 쑥과 마늘을 주
었고 환웅은 마늘을 먹고 인간이 되었다는 것이다.

　　마늘은 순우리말이다. 한자로는 '산蒜'으로 쓴다. 한글 '마늘'은 1459

남편을 기증해도 되나요

년 편찬된 〈월인석보〉에 처음 등장하는데, '마ᄂᆞ를 쬐니 벌에 죽고마ᄂᆞᆯ을 쬐니 벌레가 죽고'라 하여 마늘을 '마ᄂᆞᆯ'로 표기하였다. 이후 〈훈몽자회〉, 〈동국신속삼강행실도〉, 〈음식디미방〉, 〈규합총서〉 등에 마늘 표현이 있다.

마늘을 뜻하는 한자 '산蒜'은 마늘뿐만 아니라 달래, 부추, 산달래 등 매운맛을 내는 식물의 명칭이다. 그중에서도 마늘은 주로 '대산大蒜'으로 표기했으며, 다른 식물들은 소산小蒜, 야산野蒜 등으로 달리 표기하였다. 〈본초강목〉에는 '집에서 심는 산蒜은 두 가지가 있는데, 뿌리와 줄기가 작으면서 몹시 매운맛이 나는 것이 소산이고, 뿌리나 줄기가 크면서 매운맛과 단맛이 도는 것이 대산이다'라고 하였다.

마늘은 민간에서 다양한 상징과 의미를 가지고 있다. 마늘 냄새에는

도로변에 있는 마늘 건조 모습

나쁜 귀신이나 액을 쫓는 힘이 있어서 밤에 길을 떠나거나 힘이 들 때 마늘을 먹으면 효험이 있다고 믿었다. 가령 밤길 떠날 때 마늘 다진 것을 삼베에 싸 허리춤에 차고 가면 액귀를 쫓는다고 믿었고, 전염병이 번지면 마늘 두릅을 사립문이나 방문 앞에 걸어두어 병을 쫓는다는 믿음도 있었다.

또한 '마늘을 뜰 안에 심으면 해롭다', '마늘 껍질을 태우면 집이 가난해진다', '남에게 마늘을 한 개만 주면 나쁘다', '마늘이나 파 뿌리를 아궁이에 넣으면 부스럼이 생긴다'는 등의 속담도 있다.

마늘과 함께 한 놀이도 있었는데, 봄철에 여자아이들이 지랑풀이나 각시풀을 가지고 각시 인형을 만들어 노는 풀각시놀이처럼, 마늘의 줄기를 찢어서 머리를 땋고 풀각시 모양의 낭자를 트는 마늘각시 만들기 놀이도 있었다.

왕실에서는 중요한 행사를 앞두고 마늘 사용을 금하였는데, 〈고려사〉에 '제사에 참여하는 모든 자는 술을 마시지 않고 냄새나는 채소를 먹지 않는 것을 4일 동안 해야 했는데 이를 산재散齋라 하였다'는 기록이 있다. 이때부터 오늘날까지 제사 음식에는 마늘, 파 같은 귀신을 쫓는다고 믿었던 양념들을 넣지 않는 풍속이 남아 있다.

조선 시대 왕실에서는 제사를 지내기 전에 몸을 정결히 하고 마음을 경계하여 근신하는 의미로 파, 마늘, 부추, 염교를 가까이하지 않았다. 이러한 풍속은 길례든, 흉례든 정결한 몸과 마음을 요구하는 행사에는 모두 마찬가지였다.

여러 역사서에 마늘의 효능에 대한 기록이 있는데, 이승휴의 〈제왕운기〉에는 단군신화 속 마늘을 '산蒜'이라 하지 않고 '약藥'이라 했다. 향약구급방에서는 코피가 그치지 않을 때 마늘을 찧어 발바닥에 붙이면 멎

남해 마을나라 입구 마늘 모형

는다고 하였다.

　〈동의보감〉에는 마늘은 기를 돌게 하고 비위를 데워주며 풍한을 없 애줄 뿐 아니라 기생충을 죽이고 부스럼을 낫게 한다고 하였다. 이 밖에 '절굿공이로 찧은 마늘즙을 마시면 심장병을 낫게 한다', '삶은 마늘 국 물을 마시면 등 근육이 굳어진 병이 낫는다', '열병에는 생마늘과 삶은 마늘을 각각 일곱 쪽씩 먹는다', '말라리아로 오한과 전율이 심한 경우에 는 마늘을 숯불에 구워 먹는다', '가슴과 배가 차고 아픈 증상에는 식초 에 2~3년 담가둔 마늘을 몇 쪽 먹으면 좋다', '등에 종기가 나서 아플 때 는 마늘로 찜질을 한다', '출혈성 설사에는 마늘 가루를 먹으면 멎는다', '뱀, 지네에 물린 부위에는 마늘을 찧어 바른다', '식중독에는 마늘 삶은 물을 마신다' 등 마늘을 이용한 다양한 민간요법들이 전해지고 있다.

　마늘은 2002년 〈TIME〉지가 선정한 10대 건강식품 중 하나로 항암

작용을 하는 대표 식품이다. 낮은 열량에도 불구하고 각종 영양소가 풍부하여 영양학적으로도 우수하다. 마늘은 63%가 수분으로 이루어져 있으며, 비타민C, 비타민 B1과 B2, 칼륨, 인 등의 영양소가 함유돼 있다. 항산화 작용을 하는 생리활성물질인 폴리페놀과 알린이 풍부하게 들어 있다. 마늘 속 영양소로는 알리신, 스코르디닌, 게르마늄, 셀레늄, 베타카로틴, 엽산 등이 있다.

마늘은 김치나 장아찌류 외에도 많은 음식에 다양하게 사용되고 있다. 마늘의 매운맛과 향을 강조한 밥이나 면류를 비롯하여 각종 볶음류나 조림, 찜류에도 활용되고 있다. 스프, 생채, 냉채, 샐러드, 구이, 전, 튀김, 조림, 즙 등이 있고, 요즘에는 갈릭치킨, 마늘바게트도 인기다. 마늘을 이용한 가공식품으로는 흑마늘 진액, 마늘 잼, 흑마늘 조청, 마늘 고추장 등이 있다.

마늘은 이러한 다양하고 뛰어난 효능 때문에 오랫동안 꾸준히 우리의 밥상을 차지하고 있는지도 모른다. 마늘이 안 들어간 음식은 맛이 없고 주부들은 마늘 없이는 음식 맛을 내기가 어렵다고 한다. 일부 겁 없는 사람은 마늘 없이는 살 수 있어도 마늘 없이는 살 수 없다고 한다나 어쩐다나. 마늘 이야기를 쓰다 보니 자꾸 '문디 콧구멍에 마늘 빼 먹는다'는 말이 채신머리없게 머릿속을 맴돈다.

신안 팔금도 마늘밭

보리 없는 보릿고개

●●● 보리는 세계 4대 작물 중 하나이다. 우리나라의 경우, 오곡쌀, 보리, 콩, 조, 기장 중 하나이며 쌀 다음가는 주식 곡물이다. 보리를 이용하여 보리밥, 보리죽, 보리수제비, 보리수단, 보리감주, 보리막걸리, 보리차, 보리누룩, 보리고추장 등을 만들 수 있으며, 맥주의 원료로도 널리 쓰이고 있다.

보리는 화분과에 속하는 1년생 혹은 2년생 초본식물로 대맥大麥이라고도 하며 밀은 소맥小麥이라고 한다. 보리의 기원에 대해서는 여러 학설이 있으나 이원발생설이 가장 유력하다. 즉 이조야생종 원산은 서부 아시아의 온대지역이고, 육조야생종은 동부 아시이의 양자강 유역이라고 한다.

보리는 재배 역사가 가장 오랜 작물 가운데 하나로, 이집트의 석기시대 유물에서 보리가 발견되었기 때문에 약 1만 년 전부터 재배되었을 것으로 추정하고 있다. 현재 보리는 세계적으로 널리 재배되고 있으며, 우리나라에서는 보리재배 지역이 축소돼, 최근에는 주로 전남, 북 지역에서 부분적으로 재배되고 있다.

1960년대 초반까지만 해도 가을에 추수한 식량이 다 떨어지는 춘궁기, 즉 '보릿고개'가 있었지만, 이제는 옛말이 되었다. 요즘은 쌀을 비롯해 다양한 먹거리가 넘쳐 나면서 보리 소비 역시 식생활 변화로 크게 감소하였다.

보릿고개가 우리의 뇌리에 얼마나 강하게 남아 있는지, 요즘도 힘든 상황이나 힘든 시기를 보릿고개에 비유하는 경우가 많다. 예를 들어 대출길이 막히면 '대출 보릿고개', 백신이 부족하면 '백신 보릿고개' 등으로 표현한다. 그리고 보니 이 글을 쓰면서 '이야기 소재 보릿고개'가 오는 것 같아 걱정이다.

최근 보리의 기능성이 재조명되면서 보리국수, 보리빵, 보리 미숫가

김제 진봉 들녘 보리밭

남편을 기증해도 되나요

루, 보리차, 보리음료 등 보리를 이용한 가공식품 개발이 활발히 이루어지고 있다. 또 건강관리를 위하여 많은 사람들이 보리밥 전문식당을 찾는 등 보리 소비가 꾸준히 늘고 있다.

보리의 주요성분은 탄수화물 75%, 단백질 10%, 지방 0.5% 정도이며 그 외 섬유질, 회분, 비타민, 무기질 등도 포함되어 있다. 특히 보리는 다른 곡물에 비해 섬유질을 많이 함유하고 있어 배변에 도움이 된다.

보리는 최고의 자연 강장제이다. 말초신경 활동 증진과 기능 향상 등으로 정력 증강에도 도움이 된다. 보리는 위를 온화하게 하고 장을 느슨하게 하며 이뇨의 효과도 있다. 즉 보리는 몸을 보하고 오장을 튼튼하게 해주는 식품이다. 파키스탄에서는 옛날부터 보리가 심장 보호제로 오랫동안 사용되기도 했다.

보리의 식이섬유인 '베타글루칸'은 대장에서 담즙과 결합한 뒤 몸 밖으로 배설되면서 혈중 지질 수치를 낮추며 혈당 조절에도 도움을 주는 것으로 알려졌다. 그러나 보리만 넣은 밥을 먹기가 어려우므로 밥을 할 때 쌀에 보리쌀을 30% 정도 섞어서 하면 먹기가 좋다.

보리 혼식은 혈당을 낮추고 체중도 줄여 주는 효과가 있다. 당뇨병 환자를 대상으로 보리 잎 추출물을 투여한 결과, 자유라디칼 제거력과 LDL 콜레스테롤 산화 억제력이 우수하였으며, 비타민C, 비타민E 등과 함께 섭취 시 혈관계 질환 예방에 도움이 되는 것으로 나타났다.

이처럼 몸에 좋은 보리는 먹거리 재료뿐만 아니라 우리들의 마음을 즐겁게 하고 정서함양을 돕는 문화자품의 소재로도 많이 활용되었다. 주변에서 가장 흔하게 볼 수 있고 생활공간과 가까이 있었기 때문이다.

가수 진성이 부른 '보릿고개'는 1960년대 배고픈 시절의 설움과 한을 노래하고 있다.

아이야 뛰지 마라 배 꺼질라 가슴 시린 보릿고개 길
주린 배 잡고 물 한 바가지 배 채우시던 그 세월을 어찌 사셨소.
초근목피의 그 시절 바람결에 지워져 갈 때
어머님 설움 잊고 살았던 한 많은 보릿고개여

가수 장태민은 '꽁보리밥'에서 보리밥 먹던 시절의 추억을 흥겹게 노래하고 있다.

가마솥에 보리 삶고 한줌 쌀로 지은 밥이
아버님밥 푸고나면 꽁보리밥 우리들 차지
고추장에 밥 비비고 풋고추 된장에 찍어
꿀맛같이 먹던 보리밥

1970년대 이후 폭발적 인기를 끈 국민 가곡 '보리밭'은 서정적이고 목가적인 보리밭 풍경이 잘 묘사돼 있다. 가사를 음미해 보면 내가 어느덧 보리밭에 서 있는 것처럼 빠져든다.

보리밭 사잇길로 걸어가면/뉘 부르는 소리 있어 나를 멈춘다
옛 생각이 외로워 휘파람 불면/고운노래 귓가에 들려온다
돌아보면 아무도 보이지 않고/저녁놀 빈 하늘만 눈에 차누나

수필가 한흑구는 수필 '보리'를 통해 겨울 추위를 견디며 푸른 생명을 이어오다가 봄을 맞아 알곡을 맺는 보리의 생명력과 인내력을 예찬하고 있다. 송계 박영대 화백은 40년간 보리를 그려온 보리 작가로 이름을 날

렸고, 한국 화단의 중진 작가인 이숙자 화백은 30년 넘게 보리밭을 그려 '보리밭 화가'로 불렸다.

조선 후기 정학유는 〈농가월령가〉에서 '오월이라 중하 되니 망종 하지 절기로다. 보리밭 누른빛이 밤사이 나겠구나'. '유월이라 계하되니 소서 대서 절기로다. 봄보리, 밀, 귀리를 차례로 베어 내고'라 하여 오뉴월에 보리가 많이 재배되고 있음을 알려주고 있다.

보리를 원료로 하여 만든 음식은 무수히 많다. 이름에 개떡이 들어가서 어감이 좀 그렇긴 하지만 '보리개떡'은 배고픈 시절 허기를 달래준 추억의 음식이었다. 보릿가루에 간장, 파, 참기름을 넣어 반죽해서 만든 보리개떡은 그냥 별미식일 뿐 '개'하고는 아무런 관련이 없다.

보리굴비는 굴비를 바닷바람에 자연 건조시킨 뒤 통보리 항아리 속에 보관해 숙성시킨 것이다. 그러니까 보리굴비 정식은 보리를 먹는 것

경주 분황사 앞 보리밭

이 아니라 굴비를 먹는 것이다. 발효한 보리로 만든 '보리김치'도 있다.

보리가 건강식품으로 널리 알려지면서 보리 이름이 들어간 식당도 늘어나기 시작했다. 인터넷 검색을 해보면 보리밭, 보리개떡, 보리피리, 보리밭사잇길로, 보리밭손칼국수, 보리밭식당 등의 식당 이름이 수없이 나온다. 그뿐만 아니다. 보리 이름을 가진 가수도 3명이나 있다.

어릴 적 농촌에서 동네 아낙들이 해거름 해지면 '보리쌀 삶으러 가야 한다'며 집으로 돌아갔던 것이 생각난다. 그땐 집집마다 보리쌀을 삶아 광주리에 담아 선반에 올려놓고 조금씩 꺼내 쌀과 섞어 먹었다.

여름철 보리밥에 풋고추를 된장 찍어 먹는 것은 요즘으로 치면 '즉석 요리'인 셈인데, 맛은 고추 맛도 아니요, 된장 맛도 아닌, 그냥 꿀맛이었다. '쌀보리게임'이라는 것이 있었다. 쌀/보리, 쌀/보리 하다가 '보리'할 때 상대의 주먹을 잡으면 이기는 게임이다. 왜 하필 '보리'할 때 잡아야 하는지는 지금도 모른다.

초등학교 시절 겨울방학 때는 '보리밟기'를 했었다. 보리는 겨울철에 밟아줘야 말라 죽지 않는다고 했다. 하지만 왜 그런지 그때는 잘 몰랐다. 1970년대 보리 혼식을 장려한 적이 있었는데, 학교에서 도시락을 검사해서 보리가 섞여 있지 않으면 벌을 받기도 했다.

보리 이야기를 수집하기 위해 전국 여러 곳을 돌아다녔다. 고창 공음 면 보리밭을 비롯해 김제 진봉면, 광활면, 국내 최초로 보리 산업특구로 지정된 전남 영광, 경주 분황사 앞, 경주 천북면 갈곡리, 경산 금호강변, 군산 옥녀교차로 등 보리밭이 있는 곳이라면 어디든 찾아갔다.

보리밭에 가보니 봄 보리밭, 여름 보리밭도 좋지만, 최고의 보리밭은 늦봄 보리 이삭이 팰 때라는 것을 알게 되었다. 보리 이삭에서 나오는 냄새가 그렇게 향기롭고 싱그러운 줄은 미처 몰랐다. 보리는 긴 역사만

남편을 기증해도 되나요

보리수 열매

큼이나 이야깃거리가 무진장 많다. 하지만 '방귀 질나자 보리쌀 떨어진
다'는 말처럼 아쉽지만 이쯤에서 마무리해야겠다.

　사족. 사찰에 있는 보리수와 보리암은 먹는 보리와는 아무런 관련이
없다. 붕어빵에 붕어가 없듯, 보릿고개엔 보리가 없다. 오직 허기만 있
을 뿐이다.

감, 홍시, 곶감

●●● '감'은 순우리말이다. 기록으로는 〈훈민정음 해례본〉의 첫 글자가 감이다. 〈훈몽자회〉에도 '감'으로 적혀 있다. 감은 한자로 '시柿'나 '시枾'로 쓴다. 모양이나 익는 시기에 따라 명칭을 달리하였다.

〈증보산림경제〉에서는 둥글납작하고 과즙이 많은 것을 '수시水柿', 서리가 내리기 전에 먼저 익는 것을 '조홍早紅'이라 하였다. 겉껍질이 붉으면서 검게 얼룩진 것을 '월화시月華柿'라고 하였는데 이는 옻나무에 접을 붙여 만든 것으로 〈행포지〉에서는 '흑시黑柿'라고도 했다.

또 돌감이라 하여 크기가 작고 푸른 색깔을 띠는 것은 짓찧어서 즙을 낸 후 옷감이나 천을 염색하는 용도로 썼다. 가공과정에 따라서도 여러 이름이 붙여졌는데, 곶감은 말려서 먹는다 하여 '건시乾柿', 겉면에 하얀 분가루가 나온 모습을 보고 '백시白柿'라고도 하였다. 또 납작하게

남편을 기증해도 되나요

눌린 모양이 마치 떡과 같다 하여 '시병枾餠', 곶감에 생긴 분가루가 흰 서리와 같다하여 '시상枾霜' 또는 '시설枾雪'이라고 하였다.

감은 떫은 감, 단감, 홍시, 곶감으로 구분할 수 있는데, 떫은 감은 바로 먹을 수 없어 떫은 맛을 제거해서 먹는다. 이를 '감을 삭힌다'고 하는데, 〈임원경제지〉에는 감 삭히는 방법을 소개하고 있다. 큰 동이나 그릇에 감을 넣어두는 방법과 소금물에 담가두는 방법이 있다. 또 잿물로 감을 2~3번 씻고 물기를 완전히 없앤 뒤 그릇 속에 넣어두면 열흘 후에는 먹을 수 있다고 하였다.

그 외에 석회에 담가두는 방법도 있다. 조선 후기 기록된 〈구황촬요〉와 〈산림경제〉에는 곶감에 밤, 대추, 호두 등을 넣고 찧어 떡처럼 만들어 먹은 덕분에 흉년을 극복했다고 하였다. 감은 약용으로도 요긴하게

곶감 건조장

감나무에 달린 겨울 홍시

쓰였는데, 뇌졸중이나 고혈압을 치료하고 몸에 쌓인 열독을 푸는데 효과적이다.

　피부나 목 건강에도 좋아 널리 사용되었다. 〈동의보감〉에는 홍시 외에도 비시椑柿, 오시烏柿, 백시白柿 등 다양한 감의 종류와 약효에 대해 적고 있다. 비시는 나뭇결이 독특하여 주로 가구나 공예품을 만드는 데 사용된 먹감나무의 열매로, 술독을 풀고 갈증을 멎게 하는 약재로 사용되었다.

　오시는 홍시를 불에 쬐어 말린 것으로 화상이나 상처를 입었을 때 살을 돋아나게 하고 통증을 줄여준다. 햇볕에 말린 곶감, 즉 건시는 비위를 튼튼하게 하여 소화를 돕는데 사용되었다. 특히 시상이라 불린 곶감의 흰 가루는 진해, 거담, 자양제로 사용되어 왕실 진상품 중의 하나였다.

　예로부터 감나무는 오상五常과 칠절七絶을 갖춘 나무로 성인군자에 비유되거나 효의 상징으로 여겼다. 오상五常이란 사람이 갖추어야 할 다섯 가지 도리를 의미한다. 감잎에 글을 쓸 수 있어서 문文, 나무가 단단하여 화살촉으로 사용할 수 있어서 무武, 과일의 겉과 속이 모두 붉어서 충忠, 치아가 불편한 노인도 먹을 수 있어서 효孝, 잎이 다 떨어진 후에도 과일은 떨어지지 않고 가지에 매달려 있어 절節이라 하였다.

칠절七絶은 감나무가 지닌 일곱 가지 덕을 의미한다. 1절은 장수하는 것, 2절은 그늘이 넓고 시원하다는 것, 3절은 새가 집을 짓지 않는 것, 4절은 벌레가 꼬이지 않는 것, 5절은 가을이 되면 단풍이 아름답다는 것, 6절은 과일 맛이 좋다는 것, 7절은 낙엽이 기름지고 커서 글씨를 쓰기에 좋다는 것이다.

감은 동양의 과일이다. 서양에서는 보기 어렵고 주로 동양에 분포하기 때문이다. 떫은 감을 말린 곶감은 전통적으로 제사상에 반드시 올리던 과일이다. 밤, 대추와 함께 삼실과라 하여 관혼상제에 빠져서는 안되는 것으로 여겨졌다.

제사상에 곶감을 올리는 이유는 고욤나무에 감나무를 접붙여 감이 열리게 하는 것과 같은 이치이다. 고욤나무를 패서 감나무 접을 붙일 때 아픔이 따르듯, 사람도 태어남이 전부가 아닌 선인들의 가르침을 받들고 배워야 비로소 진정한 인격체로서 살아갈 수 있다는 교육적 의미를 담고 있기 때문이다.

감은 크게 떫은 감과 단감으로 나눌 수 있는데, 떫은 감으로는 갑주백목, 상주둥시, 도근조생, 월하시, 은풍준시, 청도반시, 함안수시, 산청고동시, 수홍, 의성사곡시, 산청단성시가 있고 단감으로는 감풍, 조완, 로망, 원미, 연수, 서촌조생, 미감조생, 조추, 감추, 귀추, 상서조생, 전천차랑, 태추, 차랑, 부유, 사에후지 등이 있다.

우리나라에는 많은 감나무가 있다. 곶감의 고장답게 경북 상주에는 가장 오래된 감나무가 있다. 수령 750년이 넘은 이 감나무는 경상북도 보호수로 지정돼 있으며, 아직도 열매를 맺고 있다.

전북 정읍시 이평면에는 동학농민운동을 오롯이 지켜본 역사적인 감나무가 있다. 일명 '말목장터 감나무'라 불리는 이 감나무는 동학운동의 최초 봉기 장소에 있다. 당초의 감나무는 고령으로 고사하여 동학농민혁명기념관에 전시돼 있고 그 자리에는 후계목이 자라고 있다.

경남 의령군 정곡면 백곡리에는 우리나라 유일의 천연기념물 감나무가 있다. 수령이 500년 이상 된 것으로 주민들은 신령스럽게 여기고 있다.

경북 청도군 이서면에는 청도반시 시조목인 '세월 감나무'가 있다. 세

정읍 말목장터 감나무

남편을 기증해도 되나요

월 마을 출신 박호 선생이 귀향하면서 토종 감나무를 가져와 청도 감나무에 접붙였다는 것이다. 여기서 열린 감이 씨없는 감으로 유명한 청도반시의 원조가 되었다.

강릉 현내리와 보은 용곡리에는 각각 천연기념물로 지정된 고욤나무가 있다. 수형이 아름답고 크기가 엄청나다. 마을의 안녕을 위하는 신목으로서 민속학적 가치도 있다.

감꽃

감이 주변에 많이 있다 보니 감 관련 속담도 많다. '감과 고욤은 두들겨 따야 잘 열린다', '감 내고 배 낸다', '감 놔라 대추 놔라 한다', '건시나 감이나', '배나무에 배 열리지 감 안 열린다', '제 앞에 큰 감 놓는다', '고산강아지 감 꼬챙이 물고 나서듯 한다', '못 먹는 감 찔러나 본다', '익은 감도 떨어지고 선 감도 떨어진다', '고욤 일흔이 감 하나만 못하다', '무른 감도 쉬어 가면서 먹어라', '감나무 밑에 누워서 홍시 떨어지기를 기다린다', '우선 먹기는 곶감이 달다', '땡감을 따 먹어도 이승이 좋다', '홍시 먹다가 이 빠진다', '곶감 빼먹듯 한다' 등 주로 교훈적 성격을 띤 속담이 많다. 가수 나훈아는 '홍시가 열리면 울 엄마가 생각난다'고 노래하고 있다.

감에는 우리 몸을 이롭게 하는 다양한 영양성분이 함유돼 있는데, 특히 비타민 A와 C, 칼륨이 풍부하다. 칼륨은 고혈압을 예방하고 근육 경련과 스트레스로 예민해진 신경을 정상으로 유지시키는 기능을 한다. 감을 이용한 식품으로는 감와인, 곶감 막걸리, 감맥주, 감식초, 단감김치, 감장아찌, 곶감식혜, 곶감수정과, 단감즙, 감잎차, 곶감약과, 곶감엿, 단감빵, 감양갱 등이 있다.

농촌에서 살아본 사람은 누구나 감에 관한 추억거리 하나쯤은 있을 것이다. 감나무에 홍시 따러 올라가다가 떨어졌거나, 감꽃으로 목걸이나 팔찌를 만들어 놀았거나, 여름철 골목에 떨어진 감을 주워 먹어본 추억이 있을 것이다.

또 추석 무렵 열리는 초등학교 가을 운동회에 맞춰 떫은 감을 소금물에 담가 삭히는 단지를 보았을 것이고, 처마 밑 싸리나무 꼬챙이에 꿰어진 곶감을 몰래 빼먹어 보기도 했을 것이다. 감에 대한 추억은 홍시보다 맛있고 곶감보다 달다.

벼는 쌀이 되고, 쌀은 밥이 된다

●●● 　벼는 볏과의 한해살이풀 또는 그 열매를 일컫는 말이다. 보통 벼 이삭에서 탈곡한 낟알 상태를 벼라고 한다. 지방에 따라 나락이라고도 하는데 이는 벼의 방언이다. 주로 영남과 호남지방에서 나락으로 부른다. 젊은 세대 중에는 쌀은 알아도 벼는 잘 모르는 사람이 있다. 벼의 상태로는 볼 일도 없고, 먹지도 않고, 거래되지도 않기 때문이다.

벼는 들판논이나 창고두지에 있을 때 주로 부르는 이름이다. 벼를 찧으면 쌀이 되는데 벼 껍질을 벗기는 작업을 찧는다고 한다. 그래서 옛 농촌에서 정미소 갈 때 '빙아 찧으러 간다'고 했다. 이를 힌자로 도정搗精이라 하는데, 이는 일본식 표현이다.

벼에 해당하는 한자에는 화禾와 도稻가 있는데, 禾는 논에 심는 벼를 가리키며, 稻는 논에서 수확한 곡물을 가리킨다. 벼라는 이름은 인도어

'브리히'가 벼로 되었다고 한다. 오늘날 벼의 품종이 놀라울 정도로 다양한 것은 육종기술이 발달했기 때문이다.

　신품종이 개발되면 품종의 이름은 지역 명칭과 산과 강 이름, 개발자 이름 등을 붙여 짓는 경우가 많다. 먼저 두 종류의 볍씨를 교배하여 개발한 경우에는 각 품종의 이름에서 한 글자씩을 따서 짓는데, 관옥, 농백, 팔금 등이 이에 해당한다.

　품종을 육성한 연구기관이나 지역명, 유적지 등의 이름을 붙인 사례로는 팔달八達, 수성水成, 밀성密成, 만경萬頃, 용주龍珠 등이 있다. 국가에서 내세우는 특별한 구호를 붙인 경우로는 진흥, 재건, 통일, 유신 등이다.

　유명한 강이나 산의 이름을 붙이기도 하는데, 낙동벼, 한강찰벼, 섬진

벼 이삭

남편을 기증해도 되나요

벼, 오대벼, 설악벼, 관악벼, 도봉벼 등이다. 내경, 노풍 등은 그 품종을 개발한 육종가의 이름에서 따온 경우다. 이 밖에 병충해에 강하다든가, 맛이 뛰어나든가, 특수한 육종법에 의해 만들었는가 등 그 품종이 가지고 있는 대표적인 특성을 나타내는 이름으로는 청청, 삼강, 일품, 진미, 고품 등이 있다.

농부는 가을에 벼를 수확하면 가장 튼실한 것을 골라 이듬해 쓸 종자로 보관한다. 이 종자를 이른 봄에 물에 담가 싹을 틔우고 못자리에 뿌렸지만, 요즘에는 육묘상자에 모를 기르기 때문에 그럴 필요가 없다. 못자리에서 모가 자라면 논에 옮겨 심는데 모가 증식을 하면 볍씨 한 톨이 약 2,500~3,000톨의 낱알로 수확한다.

벼를 비유한 속담은 쌀이나 밥에 비해서는 상대적으로 적은 편이다. 벼를 소비자들이 직접 대하는 경우가 드물기 때문이다. '귀신 씻나락 까먹는 소리 한다'는 말은 매우 엉뚱한 소리를 한다는 뜻이다. 겸손하라는 의미의 '벼는 익을수록 고개를 숙인다'라는 속담도 있다.

벼를 먹기 위해서는 가공을 해야 한다. 즉 쌀로 만들어야 한다. 1만 년 전 쌀은 붉은색이었다. 현재 재배되고 있는 흰쌀 벼 품종의 97.9%가 붉은색 쌀알을 가진 야생벼 품종인 자포니카 종이 약 1만 년 전 돌연변이를 일으켜 발생했다고 한다.

80kg들이 쌀 한 가마니에는 약 260만 톨의 쌀이 있으며 쌀 한 톨의 무게는 약 0.02~0.03g이다. 1분도는 무게의 약 8%를 깎아 내는데 10kg을 5분도로 노성하면 5×8%=0.4kg 즉 중량은 약 400g이 줄어 9.6kg의 5분도 쌀이 나온다. 쌀은 고대 인도어인 '사리'가 어원으로 우리나라에서 '쌀'로 단축되었다.

쌀의 적정 보관 기간은 월별로 다른데 4~5월엔 도정 후 약 1개월 정

옛 정미소

도, 6~7월은 20일 정도, 8~9월은 15일 정도가 적당하고, 겨울철인 10월에서 3월 사이에는 약 2개월 정도가 적당하다. 쌀이 함유한 수분의 양은 밥맛과 직결되는데 14~16%일 때가 가장 좋다. 밥이 가장 잘되는 쌀의 양은 열두 홉이라 하니 당장 실천해 보자.

쌀은 한자로는 미米로 쓰는데, 쌀 한 톨을 생산하는데 88번의 손을 거쳐야 한다고 해서 생겼다고 한다. 쌀과 관련된 속담으로는 '봄비는 쌀비다'가 있는데, 봄비가 넉넉하면 그해 모내기에 도움 되어 풍년 든다는 의미다. '쌀을 밟으면 발이 삐뚤어진다', '쌀을 일 때에 흘리면 유산을 한다', '키질을 할 때에 쌀을 날리면 남편이 바람난다', '생쌀을 먹으면 엄마가 죽는다'는 등 쌀에 대한 금기 속담이 많다. 쌀이 귀하기 때문에 쌀을 아끼고 소중히 취급하라는 뜻이다. 내가 어렸을 때 사람들은 쌀 사러 가는 것을 '쌀 팔러 간다'고 했는데, 정확한 의미를 알 순 없지만 가

남편을 기증해도 되나요

난을 숨기기 위한 표현이라는 해석에 공감이 간다.

밥은 쌀로 짓는다. 집을 짓고, 농사를 짓고, 시를 짓듯이 밥도 짓는다고 한다. 국어사전에 '짓다'는 '재료를 들여 밥, 옷, 집 따위를 만들다', '여러 가지 재료를 섞어 약을 만들다', '시, 소설, 편지, 노래 가사 따위와 같은 글을 쓰다'로 설명하고 있다. 내가 어릴 때는 '밥 지으러 가야 한다', '밥 지을 줄 아냐'라고 했지, 지금처럼 밥하러 간다고 하는 경우는 드물었다.

밥 한 공기에는 약 100~120g의 쌀이 들어간다. 20kg들이 한 포대로 170~200공기 밥을 지을 수 있다. 쌀 10kg이 3만원이라고 가정할 경우 100g으로 환산하면 밥 한 공기당 쌀값은 300원인 셈이다. 커피 한 잔 값의 십분의 일도 안된다. 쌀을 밥으로 만들면 쌀 중량의 2.3~2.45배로 불어난다.

성인 남성 1명이 80살 평생 먹는 쌀의 양은 얼마일까. 쌀알 1톨의 무게를 0.03g으로 보고 한공기를 쌀 100g으로 봤을 때 밥 한 그릇은 약 230g. 1년 내내 삼시 세끼 밥만 먹는다면 $100g \times 3$끼$\times 365$일$\times 80$년 $=8,760kg$이고, 이를 80kg 가마니로 환산하면 약 110가마가 된다. 밥을 어른에게는 '진지'라 하고, 왕이나 왕비에게는 '수라', 제삿밥은 '메' 또는 '젯메'라 하여 보통 때와는 달리 부른다.

쌀밥의 종류도 많다. 찹쌀이나 잡곡을 섞지 않고 멥쌀로만 지은 밥을 '이밥', 흰 쌀로만 지은 밥을 '흰밥', 찹쌀로 지은 밥을 '찰밥', 멥쌀에 콩, 조 등을 섞어 지은 밥을 '잡곡밥'이라 부른다. 조리 상태 등에 따라 아주 되게 지어 고들고들한 '고두밥', 솥 안에 쌀을 언덕지게 안쳐서 한쪽은 질게, 다른 쪽은 되게 지은 '언덕밥', 까맣게 탄 '깜밥', '삼층밥', 밑에는 잡곡밥을 담고 위만 쌀밥을 담은 '뚜껑밥'도 있다.

찬밥을 더운밥 위에 얹어 찌거나 데운 '되지기', 국이나 찬도 없이 그냥 맨밥으로 먹는 밥을 '강밥', 보통 때에는 얼마 먹지 않다가 갑자기 먹는 밥을 '소나기밥', 반찬 없는 맨밥을 '매나니'라 한다. 산신령에게 제사 지내기 위해 놋쇠나 구리로 만든 작은 솥에 지은 메밥을 '노구메'라 하고, 무당이나 판수가 굿을 할 때 귀신에게 준다고 물에 말아 던지는 밥은 '물밥', 스님이 밥을 먹기 전에 귀신에게 주려고 한술 떠 놓는 밥은 '여동밥'이라 한다.

이 밖에 심마니들은 은어로 밥을 '무리니', 조밥을 '소모래미', 쌀밥을 '왕모래미'라 하며, 하인이나 종이 먹는 밥을 낮잡아 부르는 말로 '입시'라 했고, 남의 눈치를 봐가며 얻어먹는 밥은 '눈칫밥', 옥에 갇힌 죄수에게 벽 구멍으로 들여보내던 밥은 '구메밥'이라 했다.

식은 밥이 맛이 없는 까닭은 알파 녹말 상태의 밥이 물을 잃어버리면서 점차로 베타 녹말로 변하기 때문이다. 이 변화를 밥의 노화 현상이라 하는데 섭씨 0도 근처에서 물의 함량이 30~60%일 때 이 변화가 가장 빠르게 일어난다. 물 분자가 달아나면서 녹말 분자가 다시 결합하도록 도와주므로 이를 방지해야 밥의 노화를 막을 수 있다. 밥 속에 있는 물이 증발하지 않도록 밀폐된 용기 속에서 따뜻하게 보관하면 밥의 맛을 비교적 오랫동안 유지할 수 있는데, 이 원리를 적용한 것이 보온밥통이다.

밥을 맛있게 지으려면 쌀을 씻은 첫 물은 되도록 빨리 헹구어 버리는 것이 좋다. 쌀 표면에 묻어 있던 쌀겨 냄새가 씻는 동안 금방 쌀에 배어 버릴 수 있기 때문이다.

문헌 속에도 맛있는 밥 짓기 요령이 소개돼 있다. 〈옹희잡지〉에 '우리나라의 밥 짓기는 천하에 이름난 것이다. 밥 짓는 것이란 별다른 것이 아니다. 쌀을 정히 씻어 뜨물을 말끔히 따라버리고 솥에 넣고 새물을 붓되 물이 쌀 위로 한 손바닥 두께쯤 오르게 붓고 불을 때는데, 무르게 하려면 익을 때쯤 한번 불을 물렸다가 1,2경 뒤에 다시 때며 단단하게 하려면 불을 꺼내지 않고 시종 만화慢火로 땐다'고 했다.

〈임원경제지〉에서는 '솥뚜껑이 삐뚤어져 있으면 김이 새어나와 밥

황금 들판

풍년밥상 2015 쌀문화 공모전 그림부문 대상작(농업박물관)

남편을 기증해도 되나요

맛이 없고 땔감도 많이 들며, 밥이 반은 익고 반은 설게 된다'고 밥 짓는 요령을 자세하게 설명하고 있다. 밥은 많이 씹을수록 맛이 좋아진다고 하는데 가장 이상적인 횟수는 한입에 60~70번 정도다. 권장되는 횟수는 보통 한 수저당 30회~50회 정도다.

밥을 한자로는 반飯으로 쓴다. 밥은 오랫동안 주곡으로 해 왔기 때문에 관련된 이야기들이 많다. 일상에서 밥과 관련된 비유적 표현으로는 철밥통, 밥값은 했나, 밥먹고 합시다, 밥은 먹고 다니냐, 죽도 밥도 안된다, 밥이나 하지, 개밥, 밥풀데기, 라면밥, 묵밥, 밥상머리, 밥장사, 밥도둑, 까치밥, 쟁기밥, 밥 먹듯 한다, 밥 안먹어도 배부르다, 눈칫밥, 밥숟가락 놓다, 밥줄 끊어진다, 지밥벌이 한다, 개밥에 도토리, 김밥 옆구리 터지는 소리 등 수없이 많다.

속담으로는 '영감 밥은 누워서 먹고 아들 밥은 앉아서 먹고 딸의 밥은 서서 먹는다', '찬밥 더운밥 가리랴', '밥이 보약', '개도 밥 먹을 땐 안 건드린다' 등이 있으며, 땔나무 값이 매우 비싸다고 할 때 '아궁이가 쌀밥을 먹는다'고 한다.

요즘은 쌀 소비가 계속 줄면서 벼 농가들이 어려움을 겪고 있다. 1960년대 절미운동을 벌일 정도로 귀하던 쌀은 1970년대 중후반 신품종 개발로 자급자족하더니 이후 쌀 소비가 계속 줄어 이제는 쌀소비촉진운동을 벌이고 있는 실정이다.

국민 1인당 연간 쌀 소비량이 1970년 136.4kg이던 것이 매년 감소해 2020년 57.7kg까지 떨어졌다. 쌀의 상대적 가치도 변해 쌀 한되로 1960년에는 소고기 한 근600g을 구입 할 수 있었으나 2020년에는 커피 한잔도 살 수 없는 상황이 되었다. 쌀 농가도 돕고 환경정화도 해주는 논을 지키기 위해 우리 모두 밥 먹고 합시다.

원더풀! 미나리

●●●　미나리는 기록으로 보면 고려 시대 이전부터 식용해 온 듯하다. 〈고려사열전〉에 '근전芹田'이라는 말이 나오기 때문이다. 여기서 芹田은 곧 '미나리밭'을 의미한다. 이 밖에 미나리는 〈조선왕조실록〉 등 여러 고서에도 자주 등장하는데, 이는 이미 조선 시대에 흔하게 식용했다는 뜻이다.

16세기 최세진이 쓴 한자 학습서인 〈훈몽자회〉에도 근芹이 있다. 〈조선왕조실록〉 세조실록에는 충성된 신하가 미나리를 임금에게 바쳤다는 '헌근지성獻芹之誠', '헌근지의獻芹之意'라는 말이 나온다. 소박하고 볼품없는 미나리이지만 임금에게 맛있는 것을 바치고자 하는 정성을 칭찬하는 의미다.

미나리를 주제로 임금에 대한 충성을 노래한 단가短歌도 있는데, 조선조 유희춘이 쓴 〈헌근가獻芹歌〉를 보면 '미나리 한 펄기를 캐어서 씻

우이다/연대 아니아 우리 님께 받자오이다/맛이야 긴치 아니커니와 다시 씹어 보소서'라 하여, 미나리 한 포기를 캐서 깨끗이 씻어 임금님께 바치고 싶다는 마음을 노래하고 있다.

황해도 해주지방에 전해지는 미나리 캐는 노래는 '종달바구닌 옆에 끼구 갈구랑허멘 둘러메구/ 깊고깊고 깊은 논에 참메나리 캐러가자'고 한다. 조선조 문인 윤기의 시문 〈반중잡영泮中雜詠〉에는 공자를 기리는 석전대제 제사상에 미나리를 올렸다는 기록이 있다. 이를 뒷받침하듯 해방 후 미나리가 올려진 제사상 사진도 다수 전해지고 있다.

영조 때 김천택이 지은 〈청구영언〉에는 '겨울날 따스한 볕을 임 계신 곳에 비추고자/봄 미나리 살진 맛을 임에게 드리고자/임이야 무엇이 없으랴마는 못다 드리어 안타까워 하노라'라는 시조에서 임에게 미나리를 바치겠다는 마음을 표현하고 있다. 조선 헌종 때 정학유가 쓴 〈농가월령가〉 정월령에는 '엄파와 미나리를 무엄에 곁들이면 보기에 신신하여 오신채를 부뤄하랴'하여 미나리의 싱싱한 맛을 예찬하고 있다.

〈국어대사전〉에 미나리는 '미나리과에 속하는 다년초 식물로 잎과 줄기에 독특한 향기가 있으며 식용하고 논에 많이 심는다'고 정의하고 있다. 중국 연변에서 출간된 〈조선말큰사전〉에는 미나리를 '축축한 땅에 절로 자라기도 하고 심어 가꾸기도 하는 풀의 한가지'로 소개하고 있다.

미나리의 '미'는 물을 뜻하는 옛말 '미르'의 줄임 꼴이고, '나리'는 나물을 뜻하는 말인데 이 두 가지가 합쳐진 것이 미나리다. 이름 자체가 물에서 나는 나물인 것이다. 한자로는 수영水英, 수근水芹, 수채水菜라고 하고, 영어로는 'water celery' 또는 'water parsley'라 한다. 동서양 모두 미나리를 물과 관련이 깊은 채소로 표기하고 있다.

미나리는 대표적인 봄철 건강식품이다. 미세먼지나 황사가 심할 때 먹으면 체내에 쌓인 중금속이나 독소를 배출시키는 데 도움이 된다. 비타민 A, B, C, E 등 각종 비타민과 몸에 좋은 무기질과 섬유질이 풍부해 혈액을 정화시키는 역할을 한다. 각종 염증을 가라앉히고 간 기능을 향

청도 한재 미나리 밭과 미나리 식당

상시키는 데도 도움이 되는 것으로 알려져 있다.

〈동의보감〉에는 갈증을 풀어주고 머리를 맑게 하며 주독을 제거해 준다. 또 황달, 부인병, 음주 후의 두통이나 구토에도 효과적이며, 김치를 담가 먹거나, 삶아서 혹은 날로 먹어도 좋다고 한다.

미나리는 섬유질이 풍부해 변비에 효험이 있고, 다이어트 식품으로도 좋다. 옛 속담에 '처가집 세배는 미나리 강회 먹을 때나 간다'고 할 정도로 미나리의 효능을 강조하고 있다. '장다리는 한철이요, 미나리는 사철이라'는 말도 있는데, 이는 장희빈과 인현왕후를 빗댄 말이다.

미나리 꽃 필 때가 보릿고개의 절정이라 '미나리 꽃 필 때는 딸네 집도 가지 마라'는 속담도 있다. 미나리는 다른 채소보다 잘 자라는 특성 때문에 오래전부터 집 주변에 미나리꽝을 만들어 흔하게 미나리를 심었다.

서울 서대문구 근동과 중구 을지로5가에 있는 근동마을, 동대문구 답십리동에 있는 미나리길은 모두 미나리꽝이 있어서 붙여진 이름이다. 이 밖에 천안시 중앙동 미나리길, 통영시 무전동 미나리길, 공주시 공산성 미나리길 등 전국에 미나리와 관련된 이름들이 많다.

미나리는 햇볕이 풍부하고 물이 많은 곳이라면 토양을 가리지 않고 어디서든 잘 자라는 특성을 지니고 있다. 그래서 그런지 미나리는 전국적으로 재배되고 있는데, 전남지역이 전체 생산량의 33.3%를 차지할 정도로 가장 많다. 이어 경북, 대구, 경남, 울산 순으로 많이 재배하고 있다.

특히 경북 청도의 한재미나리는 전국적인 명성을 얻어 봄이면 미나리 맛보러 많은 인파가 몰려든다. 한재골을 가득 채운 미나리 비닐하우스는 그 규모가 어마어마하여 입이 딱 벌어질 정도다. 경기 시흥의 군자

미나리 수확

미나리 세척

남편을 기증해도 되나요

농협 미나리작목반에도 10여 농가가 미나리를 재배하고 있다.

우리 조상들은 미나리에 세가지 덕芹菜三德이 있다고 믿었다. 즉, 더러운 물을 맑게 하며, 응달에서도 잘 자라고 가뭄에도 잘 견디는 덕이 있다고 했다.

오래전부터 즐겨 먹어왔던 미나리가 2021년 개봉된 영화 '미나리'로 새삼 주목받고 있다. 영화 속에서 배우 윤여정은 '미국 바보들은 미나리를 모르겠지'하면서, 한국서 가져간 미나리 씨를 심는다. 이어 "미나리는 반찬도 해 먹고, 김치도 해 먹고, 약으로도 먹고, 찌개에도 넣고, 전도 부치고, 아무데서나 잘 자라니까 누구든 다 먹을 수 있어. 부자든 가난한 사람이든 다 뽑아 먹고 건강해 질 수 있어. 미나리, 미나리 원더풀"이라고 미나리를 칭송한다. 그야말로 미나리 원더풀, 원더풀 미나리다.

8장

농기구 이야기

농가의 맥가이버, 호미

••• 농사에서 중요하지 않은 일이 어디 있겠냐마는 그래도 여름철 잡초 제거만큼 중요한 것은 없을 것이다. 옛말에 '호미 끝에 백가지 곡식이 달렸다'하여 잡초 제거가 풍흉을 결정짓는 절대적 요소로 여겼다.

조선 시대 농가의 월별 모습과 할 일을 노래한 〈농가월령가〉 유월령에는 '날 새면 호미들고 긴긴해 쉴 때 없이, 집터 울밑 돌아가며 잡풀을 없게 하소'라 하여 풀 뽑기를 독려하고 있다. 이 잡초 제거에 안성맞춤인 도구가 바로 호미다.

요즘에는 농약이나 기계로 잡초를 손쉽게 제거하지만 예전에는 주로 호미를 사용했다. 농부들은 집을 나갈 때 으레 호미를 허리춤에 차고 나갔다. 논밭의 잡초뿐만 아니라 주변의 풀을 뽑기 위해서였다. 호미는 풀 뽑는 데는 물론 흙을 고르고 뒤집고, 구멍 난 논둑을 메우거나 심지어

길가의 개똥 치우는데도 쓰일 만큼 다용도였다. 그래서 집집마다 서너 개쯤은 있었다.

역사적으로 호미는 삼국시대 이전부터 사용된 것으로 보인다. 서울 구의동, 아차산성 등 고구려 문화권을 포함하여 삼국시대의 건물이나 성터 등 생활유적지에서 호미로 보이는 도구들이 다수 출토되기 때문이다. 이들 도구는 오늘날의 사루가 짧은 호미와는 달리 자루가 긴 형태의 호미였다. 이후 통일신라 시대에는 오늘날의 낫 모양 호미와 같이 날이 좁고 날카로운 형태의 호미가 출토되고 있다.

고려 시대 가사인 〈사모곡〉에는 호미 날과 낫을 비유하며 어머니의 깊은 사랑을 표현한 대목이 나온다. 조선 시대 농사와 관련된 내용을 기록한 〈농사직설〉 〈산림경제〉 〈훈몽자회〉 〈임원경제지〉 등의 문헌에는 호미를 뜻하는 鋤호미 서 鉏호미 서 鎭호미 기 鎛호미 박 등이 기록돼 있다. 명칭도 다양해 지역에 따라 호맹이, 호메이, 호무, 홈미, 호마니, 허메, 허미, 희미 등으로 불렸다.

대중가요 가사에 '물동이 호미 자루 나도 몰래 내던지고', '앞산 노을 질 때까지 호미자루 벗을 삼아'가 있는데 이를 통해 호미가 농사에서 가장 보편적으로 사용된 도구였음을 알 수 있다. 지방마다 호미고개라고 불리는 고개가 많이 있는데, 호미의 구부러진 모양을 닮아서 그렇게 부른다. '호미로 막을 일을 가래로 막는다'라는 속담을 통해 호미는 쉽고 간편한 도구이며, 가래는 힘든 일을 할 때 쓰는 도구라는 것을 알 수 있다.

호미는 용도에 따라 논호미와 밭호미로 구분한다. 밭호미는 밭작물 사이의 잡초를 뽑을 때 사용하며, 목 부분이 길고 날과의 각도가 많이 휘어져 있지 않다. 보통 날이 뭉툭하며 흙을 긁을 수 있도록 호미등이

지역별 호미 형태

• 논 호미

있다.

논호미는 밭호미처럼 잡초를 뽑는 것이 아니라 잡초를 논흙과 함께 뒤집어엎는 용도이다. 따라서 밭호미 보다 날이 크고 뾰족하다. 날과 목 사이의 각도가 많이 휘어져 무거운 흙을 뒤집기에 수월하게 만들었다. 논호미는 자루에 물이나 흙이 묻어 손에서 미끄러지는 것을 막기 위해 자루에 짚이나 헝겊을 감아 사용하기도 했다.

대장간 호미

남편을 기증해도 되나요

소설가 박완서는 〈호미예찬〉에서

내가 애용하는 농기구는 호미다. 호미는 남성용 농기구는 아니다. 주로 여자들이 김맬 때 쓰는 도구이지만 만든 것은 대장장이니까 남자들의 작품일 터이나 고개를 살짝 비튼 것 같은 유려한 선과 팔과 손아귀의 힘을 낭비 없이 날 끝으로 모으는 기능의 완벽한 조화는 단순 소박하면서도 여성적이고 미적이다. 호미질을 할 때마다 어떻게 이렇게 잘 만들었을까 감탄을 새롭게 한다.

이렇게 호미를 예찬하고 있다.
시인 권갑하는 '할머니의 호미'라는 시에서

시누대 바람에 잠시도 잠잘 날 없듯/할머니 호미로 남새밭 늘 깨어 있었네/닳아진 호미 날 위로 반짝이는 생애여

라고 할머니의 부지런한 호미질을 읊고 있다.

농사에 아주 요긴하게 쓰였던 호미가 아이러니하게도 한때는 농부들에게 미움과 원망의 대상이 되기도 하였다. 자루가 짧은 호미는 기본적으로 구부리고 쪼그려 앉아서 일을 해야 하는 도구이기 때문에 무릎병과 허리병을 가져왔다는 것이다. 호미와 농부병의 인과관계는 잘 모르겠지만 그럴 수도 있겠다는 생각은 든다.

농부들에게 애증의 농기구인 우리 호미가 재조명받는 사건이 발생했다. 2019년 경북 영주의 대장간에서 만든 호미가 세계 최대 온라인 쇼핑몰인 아마존에서 원예부문 인기품목 10위권에 진입한 것이다. 이전

까지 국내에서 겨우 하루에 여남은 개 팔리던 것이 2천여 개까지 수출될 정도로 폭발적 인기를 끌었다. 호미의 역주행이 시작된 것이다. 이를 국내 언론들이 앞다퉈 보도하기 시작하면서 호미는 일약 스타 농기구가 되었다.

호미가 서양인에게 인기를 끈 이유는 우선 작업의 효율성과 편리성 때문이다. 그리고 인체공학을 고려한 인간적인 노구라는 점이다. 여태까지 모종삽만 써오던 서양인들에게 우리 호미는 어떤 작업에도 간편하게 쓸 수 있는 만능 도구가 된 것이다.

호미는 특이하게 왼손잡이용 왼호미가 따로 있다. 농부의 주문과 대장장이의 애농심이 결합한 결과다. 호미는 날이 닳으면 버리지 않고 날을 벼리어 계속 사용한다. 호미로 뽑은 풀은 거름으로 사용하여 환경보호에도 도움이 된다. 이런 애농심이 호미를 한류화로 이끈 원동력이자 밑거름이 된 것이다.

논밭의 김도 매고, 밭둑도 다듬고, 물꼬도 보고, 개똥도 치우고, 뱀도 잡고, 풀도 뽑고, 농작물도 캐는 호미가 바다에서는 굴도 따고, 전복도 캐는 만능 농기구다. 옛 농부들은 호미 하나면 두려울 것도 없었고 못할 것도 없었다. 우리의 호미, 역시 맥가이버다.

따비를 아십니까

••• 따비는 우리나라 기록 속에 등장하는 최초의 농기구다. 기원전 4세기 것으로 추정되는 '농경문청동기'에 따비질하는 모습이 조각돼 있다. 문자기록이 없던 시절의 유물이다. 이전까지는 농기구가 유물로만 출토되었기 때문에 어떻게, 어떤 방식으로 사용되었는지 알지 못했다.

그런데 이 '농경문청동기'가 수수께끼를 풀어 주었다. 따비는 그림 기록으로 보는 우리나라 최초의 농기구다. 1970년 '농경문청동기'의 우연한 발견은 농업사에 큰 획을 그은 대사건이었다.

띠비는 논이나 밭의 흙을 갈 때 사용하던 도구다. 척박한 땅이나 경사가 있고 좁은 지역의 밭을 일구는 데 사용되었다. 주로 서해안과 제주도를 비롯한 도서지역에서 사용되었는데, 일부 지역에서는 1980년대까지도 사용했을 정도로 역사가 오래 되었다.

• 농경문청동기

산간지역에 버려진 땅이나 쓸모없는 땅을 새로 일군다는 뜻으로 '따비한다'라고 하며, 따비로 갈만한 작은 밭을 '따비밭'이라고 한다. 따비는 지역에 따라 따부, 따보, 탑 등으로 불렸으며, 조선 시대 농서인 〈농사직설〉이나 〈산림경제〉에는 뇌耒, 지보地保, 장참長鑱 등으로 표기돼 있다.

따비가 우리나라에서 언제부터 사용되었는지는 알 수 없지만, 농경문청동기에 있는 따비 모습과 철기시대 유적에서 출토된 따비날을 통해 오래전부터 사용하였음을 알 수 있다. 농경문청동기에는 한 사람이 두 손으로 따비 자루를 잡고 한 발로 따비날의 머리 부분을 밟아 밭을 가는 모습이 새겨져 있는데, 여기에 새겨진 따비는 제주도에서 근래까지 사용했던 쌍날형 따비와 매우 유사한 것으로 보인다.

따비의 종류는 날의 모양에 따라 송곳형, 쌍날형, 주걱형, 말굽형으로 분류할 수 있다. 송곳형 따비는 제주도와 경남 일부 지역에서 주로 사용되던 것으로 긴 작대기의 한 쪽 끝을 날카롭게 깎은 굴봉掘棒이 발전된 형태다. 또한 곧은 몸체에 달린 날 자체의 폭이 좁아 흙을 떠넘길 때 보다는 돌이나 나무뿌리를 제거하는 데 주로 사용되었다.

쌍날형 따비는 농경문청동기에 등장하는 따비로 충남, 전남, 전북 등

서해 도서지방과 강원도, 제주도 등지에서 사용된 것이다. 따비 중에서는 가장 넓은 지역에서 사용되었다. 주로 돌이 많거나 땅이 단단한 지역에서 사용되었다. 손잡이가 없고 자루의 끝부분이 앞으로 길게 휘어져 있으며, 발판 아래쪽에는 세모꼴의 쇠날 두 개가 박혀있어 날을 땅에 박고 자루를 아래로 잡아 내리면서 흙을 떠올리기에 편리했다.

주걱형 따비는 제주도나 전남 섬 지역에서 많이 사용되었다. 몸체 끝에 끼운 둥

따비질 체험

그런 날은 전체적으로 위아래의 폭이 좁고 중간이 넓은 주걱이나 나뭇잎 모양을 하고 있다. 몸체 중간에 달려있는 발판에 발을 올려놓고 날을 땅에 박은 뒤, 손잡이를 옆으로 돌리면서 흙을 떠올렸다.

말굽형 따비는 주로 경기도와 충남지역에서 사용되었다. 날이 보습이나 삽치럼 위로 올리갈수록 넓어진다. 날 가장자리에는 말굽쇠 모양의 쇳날이 끼어져 있다. 말굽형 따비는 몸체 위쪽에 달린 손잡이를 양손으로 잡고, 몸체 중간에 달린 발판을 밟아 날을 땅에 박은 후, 흙을 한쪽으로 떠넘기는 것으로 손잡이가 없는 경우에는 자루를 양손으로 쥐고

다양한 따비

아래로 누르거나 비틀어 흙을 떠넘겼다.

　따비의 손잡이는 여러 형태가 있는데 특히 부드러운 곡선의 손잡이는 매우 아름답다. 곡선미를 살려 손과 발의 힘을 효율적으로 따비날에 전달하게 만든 농부의 지혜에 감탄한다. 구불구불한 자루에 조명을 비추면 '농기구도 이렇게 아름다울 수가 있구나'하고 놀랄 때가 있다. 이때는 농기구가 아니라 예술품이라는 생각이 든다.

　따비는 오래 사용하여 날이 마모되면 버리지 않고 날만 교체하여 계속 사용하였다. 따라서 각 지역에서는 날의 모양이나 자루의 형태를 토질에 맞게 제작하여 사용하였다. 따비는 주로 나무뿌리나 돌을 제거할 때 사용하여 쟁기질을 쉽게 할 수 있도록 도와주는 역할을 하였으나, 점차 쟁기로 발전되어 주걱형의 경우, 사람이 직접 땅을 일구는 인후치로 변형되기도 했다.

농기구 시를 많이 쓴 전석홍 시인은 '어머니의 따비밭'이라는 시를 지었는데, 따비의 쓰임새가 잘 묘사돼 있다.

산기슭 비탈바지
돌자갈 땅을
따비로 파고 일구었네
손바닥만 한 따비밭

낮일 끝나가는 해거름
어머니, 따비밭에 나가
씨앗 뿌려 지심을 매
보리 콩 고추
모개모개 영글었네

그 알갱이들이
거센 세상 강물을 건너는
우리 집 징검돌 되어 주었네

이후 농업기술이 발달하고 농기구가 기계화되면서 따비는 서해안의 일부 도서지역을 끝으로 1980년대 이후 이 땅에서 완전히 사라졌다. 도서지역에서 마지막까시 사용된 것은 경지면직이 좁이 기계로 경작할 수 없고 또한 가축을 기를 수 없었기 때문이다. 수 천 년 동안 척박한 땅을 일구어 비옥한 땅으로 만들고, 오로지 인간의 힘으로만 쓰였던 따비, 우리 농업 역사와 함께 한 전설 같은 농기구다.

살포, 농기구인가 지팡이인가

    •••   지금은 사라졌지만 살포라는 도구가 있었다. 살포는 논의 물꼬도 살피고 지팡이로도 쓰였던 다용도 도구였다. 1950년대까지만 해도 촌로들의 권위의 상징이자 요긴한 농사 도구이기도 했다.

    살포는 지역에 따라 '살포갱이', '살포깽이', '살피', '논물광이', '논물관이', '살보', '삽가래', '삽갱이', '손가래', '종가래', '살보가래' 등 여러 이름으로 불렸다. 물꼬를 트거나 막는 기능 이외에 모심기 후 뜬 모를 정리하거나 쟁기질하기 어려운 자투리땅을 파거나 고를 때도 사용했다.

    2~3m의 긴 자루 끝에 손바닥만 한 삽 모양이나 괭이 모양, 주적 모양의 날을 달아 지팡이처럼 짚고 다니기도 했다. 자루가 상당히 길기 때문에 지팡이 대용으로 쓰는 것이 가능하고 논에 직접 들어가지 않고서도 도랑을 내거나 물꼬를 트고 막을 수 있다.

남편을 기증해도 되나요

다양한 살포

제8장 사라져가는 농기구 이야기

살포는 4세기 이후의 고분 유적에서 출토된다. 4~6세기 편년을 지닌 수혈식 석곽묘에서는 여러 철기 도구와 함께 네모난 몸통에 가늘고 긴 괴통이 연결된 형태의 살포가 출토되었다. 그 당시 살포는 지금과는 달리 자루부분까지 모두 쇠로 돼 있어 실용적인 용도보다는 상징적 의미가 컸을 것으로 보인다.

또한 살포 이외에도 쇠도끼, 쇠괭이 등과 함께 출토되는 것으로 봐 당시 살포가 경제적 지위와 지배계층을 상징하는 의미를 동시에 가지고 있는 것으로 보인다. 6세기부터는 작은 소품 형태의 살포가 많이 출토되는데, 이는 실용적 농기구라기보다는 부장용 장식으로서의 성격이 강화되었다고 볼 수 있다. 이러한 고대의 살포는 주로 날 부분이 직사각형 철판으로 단조로우며 자루 끝부분은 양 갈래로 갈라져 있는 것이 특징이다.

조선 시대에 나라에서 노인 봉양의 의미로 살포 모양의 지팡이를 하사하는 관례가 있어 당시의 살포 모습을 짐작할 수 있다. 국가에서 지팡이와 의자를 함께 하사하였는데, 이를 궤장几杖이라고 한다. 궤장은 나이가 70세가 되어 사직할 때 신하가 임금에게 고하고, 만약 임금이 허락하지 않으면 그 증표로 궤장을 하사하였다.

궤장을 하사받는 것은 계속해서 공무를 수행하라는 뜻이다. 따라서 궤장은 임금의 관심과 사랑의 표시이니 신하 입장에서는 영예로운 일이다. 하사한 지팡이의 하단에는 살포 날을 장식하고 상단에는 음식을 먹어도 목에 걸리지 않는다는 비둘기 형태의 조각을 장식하였다. 이는 나라의 근본이 되는 농사의 중요성을 일깨움과 동시에 노인의 건강을 위하는 의미라 할 수 있다.

글과 그림 속에도 살포가 많이 등장한다. 1668년 현종이 영중추부사

이경석에게 지팡이와 의자를 하사하고 연회를 베풀었던 궤장연의 장면을 묘사한 '사궤장연회도'에는 임금이 하사한 궤장을 맞이하는 장면, 궤장을 놓고 교서를 낭독하는 장면 등이 그려져 있다.

겸재의 '장삽관폭'에는 노인이 자루가 긴 지팡이를 짚고 폭포를 바라보며 생각에 잠겨 있는 장면이 있다. 노인의 왼쪽 어깨에 비스듬히 기대어 짚은 지팡이는 매우 길며, 지팡이의 왼쪽 끝을 보면 대형 살포 날이 달려 있다.

심훈의 장편소설 〈상록수〉에 '동혁은 도랭이를 쓰고 살포를 짚고 나가서 논의 물꼬를 보고 들어왔다'는 대목이 나온다. 1933년부터 조선일보에 연재된 이기영의 소설 '고향'에 마을에서 글을 가르치던 맹학자라는 노인이 들에 나갈 때 살포를 짚고 갔다는 대목도 있다. 이동희의 장편소설 '땅과 흙'에도 살포를 사용하고 있는 장면이 있다.

2010년 간행된 목성균의 수필집 〈누비처네〉에는 〈살포〉라는 제목의 글이 실려 있다. 전남도지사를 역임한 시인 전석홍은 〈살포 생각〉에서 살포에 대한 추억을 다음과 같이 그리고 있다.

벼논 둘러보러
할아버지, 등 굽은 들길을
헛간 벽에 기대어 조는
살포 짚고 가시더니

발길 익은 초록 들판
손자루 긴 살포 지팡이 함께 걸으며
이 도랑 저 물꼬

눈불 켜고 구석구석 살피시더니

살포 삽날 내밀어
물도랑에 쌓인 흙모래 짚풀
널름널름 걷어내
물길 숨길 트여 주고

물꼬문 여닫아
무논 목숨물 지켜 주시더니

실포 든 농부

살포에 대한 추억과 목격담을 수집하러 전국 여러 지역을 돌아다닌 적이 있다. 아쉽게도 직접 사용해 본 사람은 만나지 못했다. 다만 어릴 때 동네 어른들이 들고 다니는 것을 봤다는 사람을 만날 수 있었다. 이들은 한결같이 살포는 동네 최고 어른만 갖고 다녔지, 젊은 사람들은 감히 휴대하지 못했다고 증언했다. 이런 증언들로 미루어 봐서 살포는 최고 어른의 전유물이자 아무나 접촉할 수 없는 신성한 도구였다는 것을 알 수 있다.

논의 물꼬를 트거나 막고, 노인들에게 권위를 부여하고, 농감의 지팡이 역할을 해온 살포. 살포가 사라지니 농촌공동체도 살포시 사라진 건 아닌지 살포에게 살포시 묻고 싶다.

개상

••• 개상은 수확한 곡식을 이삭으로부터 떨어내는 데 쓰는 탈곡용 도구다. 곡식은 들판에서 이삭이 달린 채로 베거나 뽑는다. 이를 낱알 형태로 분리해서 가공해야 먹을 수 있다. 이 분리 작업에 쓰이는 것이 탈곡도구다.

탈곡도구에는 손으로 하는 홀태, 개상, 탯돌, 도리깨 등이 있고, 발로 밟아 원통을 돌려 벼나 보리, 콩 등의 알곡을 떨어내는 일명 '와롱기'가 있다. 요즘은 별도로 탈곡을 하지 않고 콤바인 등을 통해 수확과 탈곡을 동시에 한다.

조선 시대 정학유가 지은 〈농가월령가〉 구월령에는

'구월이라 늦가을이니 한로 상강 절기로다

제비는 돌아가고 떼기러기 언제 왔느냐

창공에 우는 소리 찬 이슬 재촉한다
온 산 단풍은 연지를 물들이고
울 밑 노란 국화 가을 빛깔 뽐낸다
보기는 좋지만은 추수가 더 급하다
들마당 집마당에 개상에 탯돌이라'

라고 하여 음력 구월이 탈곡하는 계절임을 알리고 있다.

농사를 거둬들이는 10월이 되면 마을의 공동마당이나 넓은 텃밭에서는 타작을 한다. 한 해 동안 키운 곡식을 베어내어 낟알을 떨어내는 일을 가리켜 '타작' 또는 '탈곡'이라 하고, 우리말로는 '바심'이라 한다. 예를 들어 거둬들인 콩을 두드려 콩알을 떨어내는 일을 '콩바심'이라 하고, 익기 전의 벼나 보리를 미리 베어 떨거나 훑는 일을 '풋바심'이라 한다.

지금은 벼를 타작할 때 베고 탈곡하는 작업이 한 번에 이루어지는 콤바인을 쓰지만 예전에는 개상, 탯돌, 홀태 등을 사용하였다. 개상은 지역에 따라 챗상, 태상, 공상이라고도 했으며, 〈해동농서〉에는 우리말로는 '가상', 한자로는 '도상稻床'이라 했다.

농가에서 사용했던 개상의 형태를 보면 굵은 서까래 같은 통나무 4~5개를 가로 대어서 엮고 사방에 다리를 박은 것이 있고 또 안반처럼 생긴 넓고 두꺼운 나무판에 다리를 박은 것도 있다. 이러한 형태의 개상은 비교적 잘 만든 것으로 연장을 두루 구비한

• 개상

참깨 터는 농부 부부

부유한 농가에서나 볼 수 있었다. 그러나 일반 농가에서는 이처럼 개상을 잘 다듬어서 쓰는 경우가 흔치 않았고 굵고 긴 통나무에 밑자리를 만들어서 눕혀 놓고 쓰거나 절구통을 뉘어 놓고 쓰는 경우가 많았다.

　개상을 이용해 탈곡을 할 때는 벼나 보릿단을 자리개 줄로 두세 번 감아 머리 위로 올려 세게 내리치면 낟알은 떨어지고 볏단만 남는다. 이 작업은 매우 힘든 작업으로 보통 1시간 이상을 지속적으로 할 수 없었다. 비록 탈곡이 힘들고 고된 일이지만 농부들은 수확의 기쁨으로 흥겨운 노래를 부르며 했다. 이름도 생소하고 모양만으로는 용도도 알기 어려운 개상, 이제는 박물관에서만 볼 수 있는 귀한 농기구가 되었다.

고무래

    ●●●   고무래는 멍석 위의 곡식을 골고루 말
리기 위해 펼 때 쓰던 농기구다. 논밭의 흙을 고르거나 씨를 뿌린 후 흙
을 덮을 때도 사용한다. 특히 햇볕 좋은 가을날, 수확한 곡식을 마당이
나 멍석 등에 널고 하루에 서너 번씩 저어주어서 아래에 있던 곡식이 위
로 올라와 골고루 건조가 되도록 하는데 제격이다.

    한자 '정丁'은 고무래와 비슷하게 생겼다. 그래서 속담에 '고무래 놓
고 정丁자 모른다'라고 한다. 丁자 모양으로 생긴 고무래의 모양을 빗대
서 하는 말이다. 우리가 흔히 알고 있는 '낫 놓고 기역자도 모른다'라는
말과 같은 의미다.

    조선 시대 농서인 〈농사직설農事直說〉, 〈고사신서攷事新書〉, 〈해동농
서海東農書〉 등에는 고무래가 파로把撈, 목팔木朳, 고미뢰로 표기되어 있
다. 고무래는 지역에 따라 거문데경기, 땡길개충북, 고물개충남, 경기, 당

• 잿박과 재고무래

• 발고무래

•작은 고무래

그래경남, 경기, 밀기경북, 당글개전남, 밀개. 멸개강원, 미래전남, 당그네
제주 등으로 부른다.

　고무래는 자루와 날로 이루어져 있다. 자루는 가공하지 않은 자연목
을 대충 다듬어 끼우는데, 쉽게 구할 수 있고 가벼운 소나무를 주로 사
용했다. 재질이 강하고 습기에도 잘 견디는 물푸레나무를 사용하기도
했다.

　날은 형태에 따라 이빨이 달린 것과 이빨이 없는 널빤지 형태로 구분
되는데, 그중 이빨이 달린 것을 '발고무래'라고 구분하기도 한다. 발고

남편을 기증해도 되나요

무래의 발은 보통 4~8개 정도의 짧은 막대를 끼워 만들며, 재질이 단단해야 하므로 참나무나 박달나무를 주로 썼다. 그리고 이빨이 없는 고무래는 이빨이 있는 것보다 날과 자루가 전체적으로 작은 것이 특징이다.

날의 형태는 일정하지 않으나 일반적으로 직사각형, 반달형 또는 사다리꼴 형태가 많으며 날의 한쪽을 톱니 모양으로 잘라 만들기도 했다. 또 '고래당그래'라 하여 아궁이의 재를 꺼내는 아주 작은 고무래도 있다. 이를 따로 '재고무래'라 부르기도 했다.

특히 발고무래에 대해서는 부유한 집에서는 멍석이 많아 보리를 널어 말릴 때 얇게 널 수 있었으므로 이빨이 없는 것도 쓸 수 있었으나 그렇지 못한 집에서는 보리를 두텁게 널어야 했으므로 아래까지 잘 긁히도록 이빨을 길게 만들어 달았다는 얘기도 있다.

고무래는 원삼국 시대부터 사용된 것으로 알려져 있다. 3~5세기 유적지인 전남 무안의 양장리에서는 다양한 목제 농기구가 출토되었는데, 그중 하나가 고무래다. 양장리 유적은 계곡에서 흐르는 물을 수로를 통하여 끌어들여 저습지에서 논농사를 지었던 곳으로 추정되는 곳이다.

양장리에서 출토된 고무래는 몸체에 난 장방형의 구멍을 통하여 자루와 연결하도록 하였고 날은 모두 29개가 박혀 있다. 이처럼 날이 촘촘하게 난 고무래는 일본의 3~4세기 유적에서도 출토되고 있어서 당시에 드물지 않게 사용되던 농기구임을 알 수 있다.

세계문화유산인 조선왕조 왕릉에는 능침 앞에 보통 정자각丁字閣이 있다. 제물을 진설해 놓은 건물이다. 건물 모양이 '丁'자를 닮아서 정자각이라 부른다. 고무래는 '丁'자를 만들었고 丁은 정자각이라는 이름을 만들었다. 고무래가 없었다면 정자각은 어떻게 불렀을까. 그러고 보면 농기구의 쓰임새가 아주 다양한 듯하다.

고무래질

    요즘에는 고무래를 플라스틱 재료로 만들어 가볍게 작업을 할 수 있게 했다. 농촌의 도로를 지나다 보면 촌로들이 플라스틱 고무래로 곡식을 펴 말리는 것을 종종 볼 수 있다. 고무래가 할 수 있는 일은 세월이 흘러도 변함없이 한결같다. 인간은 언제든 역할이 바뀌고 사라져 버리는데 말이다.

남편을 기증해도 되나요

9장

농사짓는 섬 이야기

농업이 있어 더욱 아름다운 섬

●●● 섬은 사전적 의미로 둘레가 물로 둘러싸인 육지다. 즉 물 위에 떠 있다는 뜻이다. 따라서 섬에는 자동차나 도보로는 갈 수가 없다. 오직 배로만 갈 수 있는 곳이다. 물론 헤엄쳐서 갈 수는 있다.

근래에는 연륙교로 육지와 연결된 섬 아닌 섬이 많다. 그래서 차로 갈 수 있는 인천 강화도, 경남 거제도, 남해도, 전남 진도, 완도 등은 이제는 섬이라 부르기도 좀 어색하다. 섬은 보통 배를 타야만 갈 수 있는 곳이라는 생각에 휴양지, 해수욕장, 어업 등의 이미지가 떠오른다. 그러나 섬 중에도 농사가 있고 농촌과 농민이 있는 곳이 많다. 안타깝게도 많은 사람이 섬 농사를 잘 모른다.

우리나라에는 약 3,300여 개의 섬이 있다. 그중 사람이 사는 섬은 470여 개에 이른다. 농사를 짓고 있는 섬은 100여 개 정도다. 제주도를

남해도 밭농사

옹진 자월도 농경지

남편을 기증해도 되나요

제외하고 배를 타야만 갈 수 있는 섬 중에 농사 규모가 꽤 큰 곳은 울릉군의 울릉도, 옹진군의 백령도, 덕적도, 완도군의 청산도, 소안도, 노화도, 보길도, 고흥군의 거금도, 신안군의 도초도, 비금도, 하의도, 진도군의 조도 정도다. 이들 섬에는 모두 농협이 있다.

이 밖에 규모는 작지만 그래도 농사가 유지되고 있는 섬으로는 옹진 자월도, 통영 욕지도, 한산도 등 20여 개 정도로 추정된다. 연륙교로 육지화된 큰 섬인 남해도, 거제도, 강화도, 진도, 완도, 창선도, 석모도, 교동도, 거금도, 고금도, 압해도, 암태도, 안좌도, 자은도 등은 농업의 비중이 꽤 높은 섬이다.

군 단위이면서 배로만 갈 수 있는 유일한 섬, 울릉도는 섬 전체가 산악지형으로 농경지 비율은 약 18% 정도다. 밭에는 대부분 산나물을 재

울릉도 명이나물

진도 송가인마을 앞 보리밭

창선도 논농사

배하고 있고 논은 없다. 울릉도 명물인 명이나물은 보릿고개 시기에 목숨을 이어주던 풀이다. 독특한 향과 맛을 내기 때문에 육지인들에게도 인기가 좋다. 부드러운 맛이 일품인 부지깽이 나물섬쑥부쟁이도 울릉의 특산물이다. 울릉도 산나물 농사는 어업 생산량을 넘어설 정도로 비중이 높다. 2017년에는 '울릉도 화산섬 밭'이 인류가 지키고 보존해야 할 유산인 '국가중요농업유산'으로 지정되었다.

바다와 산 등이 어우러진 섬은 저마다 독특한 풍경을 지니고 있다. 붉은 달이 뜬다는 옹진군 자월도의 달빛에 비친 감자꽃, 영화 '섬마을 선생님' 촬영지로 유명한 대이작도의 고개 숙인 수수, 바둑천재 이세돌의 고향인 비금도의 소금꽃 등은 경관농업으로 활용해도 손색이 없는 섬 농사의 진풍경들이다. 남해의 마늘, 고흥 거금도의 유자, 진도의 대파, 강화도의 순무 등은 각 섬을 상징하는 마스코트가 됐다.

섬에서 언제부터 농사가 시작됐는지는 정확히 알 수 없으며 섬마다 다르다. 〈조선왕조 선조실록〉에 보면 '거제도는 경작할만한 토지가 많으니, 흩어진 백성들을 모아 농사를 짓게 하였다'라는 기록이 있는 것으로 봐서 거제도는 조선 시대부터 농경지가 많고 농사를 장려했음을 알 수 있다.

역사적으로 섬 농사를 추정해 볼 수 있는 유물로는 따비가 있다. 청동기 시대부터 사용돼 온 밭을 가는 도구인 '따비'가 육지에서는 19세기에 대부분 사라졌는데, 섬에서는 1980년대까지 사용되었다. 1980년대까지 섬지역 밭둑에 따비가 놓여져 있는 사진이 종종 목격되기도 했다. 이 밖에 제주도 남태, 울릉도 발구, 청산도 끌개 등은 섬에서만 볼 수 있는 귀한 농사도구들이다.

섬 지역은 물리적으로 육지와 단절된 탓으로 고유의 문화를 간직하

• 남태

• 발구

• 끌게

남편을 기증해도 되나요

고 있다. 유엔식량농업기구FAO는 2002년 전 세계의 전통적 농업시스템과 경관, 생물 다양성, 토지 이용체계를 보전하기 위해 '세계중요농업유산' 제도를 도입했다.

'청산도 구들장 논'과 '제주밭담'은 2014년 처음으로 세계중요농업유산으로 지정된 우리나라의 소중한 농업유산이다. 섬 농민의 지혜가 깃든 문화유산인 것이다. 섬 농사는 농업 자체로서의 의미도 크지만 문화로서의 가치는 더욱 중요하다. 부디 섬에 가거들랑 해수욕장과 횟집만 찾지 말고 농업과 농촌, 농산물에도 관심가져 보길 권한다.

태극기의 섬, 소안도

●●● 화창한 봄날, 가랑잎 타고 태평양 건너 고래 아가씨 만나러 가는 코끼리 아저씨 같은 마음으로 저 멀리 남쪽을 향했다. 목적지는 완도의 부속섬 소안도. 서울에서 꼬박 네 시간을 걸려 완도 화흥포항에 도착했다.

배는 약 한 시간 간격으로 있었고 뱃삯은 7,700원, 승용차는 2만원이었다. 소요시간은 약 50분. 승선수속을 마치고 배에 차와 몸을 실었다. 풍경도 보고 피곤도 쫓을 겸 갑판 배 위로 올라갔다. 날씨는 쾌청했고 물결은 잔잔했다. 바다에는 양식을 하는 듯한 시설물들이 끝없이 펼쳐져 있었고, 배는 그 사이로 지나갔다.

노화도 동천항을 거쳐 소안항에 도착했다. 배에서 내려 먼저 섬을 한 바퀴 둘러보기로 했다. 섬이 그리 크지 않아 약 한 시간이면 충분했다. 면 소재지를 중심으로 상가가 형성돼 있었으며, 평평한 지역에는 농경지와 농가가 있었다. 그런데 집마다 대문에 태극기가 걸려 있었고 빈 집이 더러 있었다. 나중에서야 소안도가 항일독립운동의 성지라는 것을 알았다.

일제 강점기에 독립군자금 모금과 항일구국운동을 가열차게 벌여 독립운동가 69명, 독립유공자 20명을 배출한 섬이라는 것도 알았다. 가학산에 올라 섬 전망을 보고 싶었는데 시간이 부족했다. 도로를 따라가다 보니 작은 섬이지만 군데군데 밭이 보였고 여러 작물이 자라고 있었다. 언뜻 보니 파, 고추, 참깨, 옥수수 등이 심겨 있는 것 같았다.

규모는 작지만 논에서는 벼도 자라고 있었다. 숲에는 소나무가 많은 듯했다. 보통 섬이 다 그렇듯 도로가 좁았고 구불구불한 길이 많았다. 한 시간 동안 운전하면서 한 사람도 만나지 못했다. 도로 가장자리에는 김인지 미역인지 잘 모르는 해조류들을 말리고 있었다. 도로변과 집 처마 밑에는 빨랫줄처럼 생긴 줄에 이름 모를 생선들이 매달려 있었다.

섬 일주 후 약속한 사람을 만났다. 미리 알려준 방문목적을 다시 설명해 주었다. 그는 문제없다는 표정을 짓더니 차에 타라고 했다. 화물차

소안도 밭농사

였다. 자신이 잘 아는 듯한 마을에 도착했다. 마을이라야 겨우 10가구쯤 되는 아주 작은 마을이었다. 그나마 사람이 있는 집은 거의 없었고, 대부분 빈 집이었다.

빈 집이라도 들어가 보았지만 농기구나 물건은 찾을 수가 없었다. 다른 마을도 별반 다르지 않았다. 섬이 이렇게 텅텅 비어가는구나 생각하니 왠지 쓸쓸했다. 하루 종일 헛걸음만 하고 아무 소득이 없으니 피곤하기도 하고 허탈하기도 했다. 하지만 천리 먼 길 배까지 타고 여기까지 왔는데 빈손으로 돌아가기는 아쉬웠다.

그는 섬을 완전히 떠난 방치된 다른 마을의 농가들도 둘러보자고 했다. 이런 농가들은 수두룩했다. 섬의 절반 이상은 되는 것 같았다. 어느 농가를 들어가게 되었다. 농가에는 가재도구들이 먼지를 뒤집어쓴 채 쌓여 있었다.

섬사람들은 이사 갈 때 육지로 가지고 나가기가 힘드니까 최소한의 짐만 가지고 간다고 한다. 계속 동네를 둘러보다가 기와집을 발견했다. 쓸 만한 무언가가 있을 법했다. 첫눈에 반해 윙크할 만한 무엇이 있기를 기대하면서 대문 앞으로 다가갔다.

쇠로 된 푸른색의 대문은 부식이 많이 되어 구멍이 몇 군데 나 있었다. 대문은 잠겨 있었고 시멘트 벽돌 담장으로 둘러쳐 있었다. 담장 안을 보니 마당에 풀이 가득했다. 나는 담장을 날렵하게 넘어간 앞사람의 도움을 받아 겨우 넘었다. 풀을 헤치고 건물 있는 쪽으로 겨우 갔고, 마루가 있는 기와집 건물 앞에 도착했다.

마루엔 깨진 유리 조각과 부서진 가구 등이 아무렇게나 놓여 있었다. 부엌엔 찬장과 도마 등 주방용품이 있었지만 음산한 분위기 때문에 빨리 그곳을 떠나고 싶었다. 금방이라도 쥐나 뱀 등이 나올 것만 같았다. 틀림

소안도 감귤밭

없이 뭐라도 나올 것 같은 분위기였다. 그러나 동행한 사람은 아무렇지 않게 이곳저곳을 돌아다녔다. 내가 겁먹은 표정을 짓자 그는 사람이 살지 않는 곳엔 쥐나 뱀 같은 건 없다고 하면서 나를 안심시켰다.

어쨌든 뭐라도 하나는 건져야 하겠다는 일념이 강해 쉽사리 그곳을 빠져나올 수도 없었다. 까치발을 하고 뒤란으로 가보니 호미와 소쿠리 등이 반갑게도 벽에 걸려 있었다. 섬 호미라 그런지 폭이 좁았으며 녹이 슬어 있었다. 잽싸게 호미만 챙기고 역시 앞사람의 도움을 받아 빠른 동작으로 담장을 넘었다.

호미라도 챙겼다는 안도감에 기쁜 마음으로 그 섬을 떠날 수 있었다. '해당화 피고 지는 섬마을에 철새 따라 찾아온 총각선생님~' 막연히 섬에는 애틋한 사랑과 낭만만 있을 줄 알았는데, 삭막과 적막도 있다는 것을 깨닫게 해준 섬이었다.

　소안도는 농사의 섬이라고는 할 수 없다. 농경지가 많지 않아 고추, 고구마 등 소규모로 경작되고 있었고 특이하게 노지에서 감귤 재배를 하고 있다. 소안도 주변에는 노화도와 보길도가 있는데, 이 두 섬은 다리로 연결돼 있다. 노화도에는 넓은 면적의 벼농사가 이뤄지고 있으며, 보길도는 소규모의 논농사와 계곡 중심으로 밭농사가 진행되고 있다. 이마저도 계속 줄어들고 있는 실정이다.

구들장논, 청산도

●●● 　청산도는 영화 '서편제'와 드라마 '봄의
왈츠' 촬영지로 유명한 섬이다. 특히 촬영지 언덕에서 도청항 쪽으로 펼
쳐지는 풍경은 청산도 최고의 절경이다. '청산도'를 검색하면 뜨는 바로
그 사진이다. 아름다운 풍경과 청정지역으로 이름이 나면서 찾는 이가
부쩍 늘어났다.

섬 전체 면적은 41.95㎢로 완도군 면적의 10.6%쯤 된다. 이 가운데
밭이 5.1㎢, 논이 3.7㎢로 농경지가 21%를 차지한다. 주요 재배 품목은
벼, 보리, 마늘, 봄동이다. 돌이 많은 지형이라 '구들장논'이라는 독특
한 구조를 만들어 논농사를 짓고 있다.

구들장논은 구들장 같은 넓적한 돌을 모아 타일을 깔 듯이 메꾸고 수
로를 낸 뒤 잔돌과 진흙을 덮고 그 위에 다시 흙을 덮어 만든 논으로,
2014년 유엔식량농업기구FAO에서 세계중요농업유산으로 지정하였

구들장논을 설명하는 주민

청산도 구들장논

남편을 기증해도 되나요

다. 농업문화유산으로는 국내 최초였다. 자연과 과학이 결합한 인공농업시스템이다.

구들장논에서는 살아있는 화석이라 불리는 '긴꼬리투구새우'가 발견돼 화제가 되기도 했다. 2012년까지 멸종위기야생동물 2급으로 지정됐던 긴꼬리투구새우는 흙 속의 유기물을 먹고 살며 잡초와 해충을 막아주는 역할을 한다. 농부에게는 참 고마운 벌레이다.

섬 지역을 돌아다니다 보면 곳곳에서 농경지와 마주하게 된다. 읍리와 상서리, 신풍리 지역에는 논이 많아 6월에는 모를 이앙하는 장면을 쉽게 목격할 수 있다. 권덕리, 구장리에서는 마늘밭을 볼 수 있고 드라마세트장 주변에는 보리밭길이 있다. 범바위 앞에 있는 보적산_{해발} 330m 정상에 올라서면 청산도의 경치가 한눈에 들어오는데, 계단식 논과 밭들이 여러 곳에 있는 것을 볼 수 있다.

도청항에서 내려 서편제 촬영지를 지나면 읍리마을이 나오고, 주변에 넓은 논이 있다. 이 논 한가운데 있는 '읍리향토문화예술관'은 마을 공동창고를 수리해 만든 민속자료 전시관이다. 마을 주민들이 건물 외벽에 그림을 그리고 옛 물건들을 하나둘 모아 만든 전시관이다.

여기에는 어디에서도 볼 수 없는 신기한 나무펌프, 육지에는 없는 농기구, 생활 도구 등 희귀한 물건들이 전시 보관돼 있다. 전시물을 보기 위해서는 이장에게 연락해야 한다. 청산도에는 독특한 장례형태인 초분_{풀무덤}이 1970년대 이전까지 행해졌던 흔적이 남아있다.

청산도는 2007년 국제슬로시티연맹으로부터 아시아 최초로 '슬로시티Slowcity로 선정되었다. 섬 안에 있는 슬로길에서는 매년 슬로길 걷기 축제가 열리며 구들장논을 볼 수 있는 코스도 있다.

1,300여 세대, 2,500여 명이 사는 청산도는 88%가 농수산업에 의

청산도 읍리향토문화예술관

청산도 다랑논

남편을 기증해도 되나요

존하고 있다. 완도로부터 19.2km 떨어져 있으며 동쪽으로 거문도, 서쪽으로 소안도, 남쪽으로 제주도, 북쪽으로 신지도가 있다. 주변에 대모도, 소모도, 지초도, 두억도, 납다도, 여서도, 상도, 항도, 노적도, 내항도 등 15개의 유·무인도를 거느리고 있다.

청산도행 배는 완도항에서 매일 5~6회 운행하고 있으며, 소요시간은 50분이다.

보적산애서 바라본 청산도

백색고구마, 백령도

••• 백령도는 우리나라 남한 최북단에 있는 섬이다. 일반적으로 섬이니까 어업이 주 산업이라고 생각할 수 있으나 백령도는 농사를 주로 하는 섬이다. 한마디로 농업으로 먹고사는 섬이라 할 수 있다.

백령도 농업의 역사는 용기패총에서 출토된 토기와 석기가 신석기시대 것으로 보여 신석기 후기부터 원시 농경 생활을 시작한 것으로 추측된다. 백령도가 농업섬이 된 것은 농사에 적합한 평야가 넓고 군사지역이라 조업에 제한이 있기 때문이다.

백령도 지역을 다녀보면 논과 밭을 어렵지 않게 볼 수 있다. 주민의 약 70%가 농업에 종사할 정도로 농민이 많다. 전체 면적 51.20㎢ 가운데 논이 550ha, 밭이 618ha를 차지하고 있다. 재배작물은 콩, 고추, 깨, 고구마, 쌀 등으로 다양하다. 특히 고구마는 백령도와 황해도 일부

남편을 기증해도 되나요

백색 고구마

백령도 밭

지방에서만 재배된다고 알려진 백색 고구마인데, 이를 땅에서 나는 과일이라 하며 지과라 한다. 백색 고구마는 백령도의 청정지역에서 신선한 바다바람과 맑은 공기를 받아 재배돼 맛이 좋다. 햇볕에 10일 이상 잘 말려 삶으면 홍시처럼 말랑말랑하게 되어 백색 고구마의 참맛을 볼 수 있다. 특산물인 이 고구마는 율미 계통의 식용고구마로, 물기가 많고 식미가 좋으며 당도가 높아 인기가 좋다.

섬치고는 쌀 생산량이 많아 자체 소비하고도 3년치 분량이 남아 정부가 전량 수매하고 있다고 한다.

밭작물로는 고추와 감자, 콩 등이 있다. 백령도에는 5대 냉면집이 있는데, 메밀 재배와 관련이 있는지는 알 수 없으나 맛은 최고다. 몇 년 전 방송에서 백령도 냉면을 소개하면서 인기가 높아져 백령도 냉면을 찾는

남편을 기증해도 되나요

사람들이 부쩍 늘었다.

백령도 최고의 관광지는 뭐니 뭐니 해도 명승 8호인 두무진이다. 장군들이 머리를 맞대고 회의하는 모습 같다 해서 붙여진 이름이다. 서해의 해금강이라 불릴 정도로 천하절경이다. 계단을 통해 바닷가로 내려가면 눈 앞에 펼쳐진 장관에 절로 탄성이 나온다. 두무진에 가면 반드시 유람선을 타 보도록 권유한다. 바다에서 보는 두무진은 이곳이 정말 대한민국 땅인가 할 정도로 기가 막히다.

천연기념물인 사곶해변391호, 콩돌해변392호, 감람암 포획 현무암 분포지393호, 남포리 습곡구조507호, 연화리 무궁화521호 등도 꼭 봐야 하는 곳이다. 물범바위, 사자바위, 용트림바위도 빼놓을 수 없다. 물범바위에서는 운 좋으면 천연기념물 331호로 지정, 보호받고 있는 물범을

백령도 두무진

제9장 놓사짓는 섬 이야기

볼 수도 있다.

중화동교회, 화동염전, 심청각도 둘러봐야 후회를 안한다. 그리고 이왕에 백령도까지 갔으면 천안함 46인 용사의 희생을 기리고 추모하는 '천안함위령탑'을 참배하는 것도 뜻깊은 일이 될 것이다.

섬 안에는 길이 30m, 폭 12.5m의 백령대교가 있는데, 공사 기간이 2013년부터 무려 3년이나 걸렸다고 한다. 섬이다 보니 자재수급이 원활치 않아서 그랬을 것이다. 이 다리는 연륙교도 연도교도 아닌 그냥 도랑 건너는 30미터짜리 다리인데 '대교' 이름을 붙인 것도 특이했다. 콩돌해변과 용기포신항을 오가면서 옥수수찐빵을 파는 아주머니의 백령도 사랑도 오래 기억될 듯하다.

백령도는 인천에서 228km 떨어져 있으며, 인천 연안여객터미널에서 배로 약 4시간 정도 걸린다. 배는 소청도와 대청도를 경유하여 가는데, 해무로 결항할 때가 있어 유의해야 한다. 2018년 7월에 방문했을 때는 해무로 이틀 동안 결항돼 곤혹을 치른 적이 있었다. 속사정을 모르는 사람은 관광이나 실컷하면 되지라고 하겠지만 실상은 그렇지 못하다.

해무로 인한 운항 여부는 오전에 결정하는 것이 아니라 약 2시간 간격으로 터미널에서 알려 주는데 최종 확정은 오후 3시 넘어야 알 수 있다는 것이다. 그러니까 오후 3시 정도까지는 아무 곳에도 못가고 터미널에 갇혀 있어야 한다. 섬 여행 시 각오해야 할 일이지만 해무 결항은 상당한 인내심을 요한다. 따라서 서해 섬의 방문 계획이 있다면 해무 상태를 꼭 확인해야 낭패를 면할 수 있다.

남편을 기증해도 되나요

시금치산업특구, 비금·도초도

　　●●● 　신안군의 비금도와 도초도는 시금치로 유명한 섬이다. 그래서 섬 전체가 '시금치산업특구'로 지정돼 있다. 이 시금치는 한겨울 추위와 바닷바람을 견디느라 잎이 두껍고, 신선도가 오래 유지되는 것이 특징이다. 겨울철 섬을 파랗게 물들이는 시금치밭은 여기서만 볼 수 있는 진기한 풍경이다.

　　겨울철에 나오는 황금시금치는 잎이 부드럽고 맛이 좋기로 유명하다. 그래서 값이 비싸도 없어서 못 팔 지경이다. 일명 '섬초'라 불리는 겨울 시금치는 가을걷이를 끝낸 논에 심는다. 원래는 밭에서만 심었는데, 수입이 좋이 논으로까지 확대되었다. 그래서 비금·도초도의 겨울 논은 다른 지역과는 달리 초록빛을 띤다. 도초행 카페리호 선실에 걸려 있는 겨울철 시금치밭 풍경 사진은 탐방객들의 가슴을 설레게 한다.

　　비금도와 도초도는 별도의 섬이지만 1996년 두 섬을 잇는 서남문

비금도 시금치 특구 표지석

대교가 개통되면서 사실상 하나의 섬이 되었다. 비금도飛禽島는 새가 날아가는 모양을 하였다 해서 붙여진 이름이다. 1,600ha의 농경지와 720ha의 염전이 있다. 실제로 섬을 둘러보면 많은 논과 염전을 볼 수 있다. 주민들 역시 농업과 어업을 겸해서 살아간다.

농산물은 쌀, 보리, 콩, 고구마, 마늘, 양파, 시금치 등이 생산되는데, 시금치와 마늘 생산량이 제일 많은 편이다. 섬 전체 면적은 45.25㎢, 해안선 길이는 89.2km, 인구는 4천명을 밑돈다. 비금도를 찾는 사람들은 주로 그림산과 선왕산을 탐방하는데, 가파른 암봉과 아슬아슬한 계단이 있어 스릴 넘치는 산행을 할 수 있다.

그림산의 거대한 바위와 함께 바다 조망권이 압권인 선왕산을 오르는 것은 비금도 여행의 필수코스이자 백미다. 섬 안팎을 고루 보려면 반드시 이 두 산을 올라야 한다. 2006년 방영된 드라마 '봄의 왈츠'에 등

남편을 기증해도 되나요

장해 유명해진 하누넘 해변, 일명 하트 해변도 선왕산 아래 있다.

비금도는 천재 바둑기사 이세돌이 태어난 곳이다. 이세돌은 2016년 인공지능 알파고와의 대국에서 인간으로서는 처음이자 마지막으로 승리를 거둔 바둑기사다. 이세돌바둑기념관은 생가 인근에 있던 폐교 대광초등학교를 다듬어 만들었다. 이세돌이 다녔던 학교는 아니라고 한다. 기념관 입구에는 알파고와의 대국장면을 재현한 대형 바둑판 조형물이 있다. 기념관 뒤 대나무 숲을 지나면 명사십리 해변이 나온다.

도초도는 비금가산선착장에서 내려 2번 국도를 타고 비금면 소재지를 지나 서남문대교를 건너면 나오는 섬이다. 섬 분위기는 비금도와 비슷하지만 높은 산은 별로 없다. 하의도가 바라다 보이는 해변에 길이 2.5km의 백사장으로 유명한 시목해수욕장이 있다.

비금도 염전

비금도 외다리디딜방아

　몇 해 전 시목해수욕장으로 가던 도중 비탈밭에 심어진 보리가 누렇게 익어가는 모습을 보고 참 아름답다는 생각을 한 적이 있었다. 이 섬은 2021년 개봉한 영화 '자산어보' 촬영지로 알려지면서 새롭게 주목받고 있다. 정약전의 유배생활 공간인 세트장 마루에 앉으면 기가 막힌 바다 풍경이 펼쳐진다.

　비금도는 목포 북항이나 천사대교 건너 암태도의 남강선착장에서 배로 갈 수 있다. 목포서는 1시간~1시간 30분 정도, 남강서는 40분 정도 걸린다. 남강서는 흑산도도 갈 수 있다. 압해대교로 압해도가 연륙되고, 천사대교 개통으로 암태도, 자은도, 팔금도, 안좌도, 자라도 등이 섬 아닌 섬이 되었다.

　이들 섬 주민들은 어느 정도의 농사를 짓고 있다. 특히 암태도는 과거 농경지가 넓어 소작농들이 많았다. 암태면 소재지에 있는 '암태도소작인항쟁기념탑'이 그 당시 농촌 실상을 말해주고 있다. 1924년 암태도 소작인 항쟁 시 일제의 감시와 질시에도 굴하지 않고 소작인 돕기에 나선 분들의 이름을 새겨 놓은 빗돌을 보면 암태인들의 결연한 항일정신을 느낄 수 있다.

다리 건설로 섬 나들이가 편리해졌지만 섬 다움이 사라지는 것 같아 아쉽다. 아름다운 바다와 농촌, 산 등이 골고루 있어 천혜의 경관을 자랑하는 보물 같은 섬 비금도, 도초도. 영원한 섬으로 남아주기를 기도한다.

비금도 들녘

제9장 농사짓는 섬 이야기

쑥섬, 조도

●●● 　조도는 진도항에서 남서쪽으로 약 9km
떨어져 있는 섬이다. 조도를 가기 위해서는 진도항에서 배를 타야 한다.
약 40분 정도 걸린다. 진도항은 원래 팽목항이었다가 2013년 2월 진도
항으로 명칭이 바뀌었다. 현지에서는 두 명칭을 다 쓴다.

진도항은 2014년 온 국민의 가슴을 울린 세월호 사건이 발생한 곳과
가깝다. 그래서 진도항에는 세월호 희생자를 기리는 추모시설물이 많
다. 왠지 마음이 숙연해지는 항구다. 조도는 새떼처럼 섬들이 밀집해 있
다고 해서 붙여진 이름이다. '새섬鳥島'이라고도 한다.

154개의 섬들이 모여 조도군도를 이루고 있다. 상조도와 하조도가
가장 큰 섬인데, 두 섬은 조도대교로 연결돼 있다. 이 다리는 1997년 개
통되었는데, 길이가 510m로 진도대교보다 길다. 하조도 어류포항창유
항에는 진도 출신 천병태 시인의 '어류포 산조'라는 시가 적힌 시비詩碑

남편을 기증해도 되나요

가 서 있다. '나는 어류포를 사랑한다. 어류포도 나를 사랑한다'로 시작
하는 이 시는 어류포의 아름다움을 노래하고 있다.

창유항에서 내려 상조도로 가려면 조도대교를 건너야 한다. 대교를
건너기 직전 길옆에는 '이곳은 한국의 아름다운 길 100선에 선정된 곳
으로 다도해 비경과 환상적인 일몰을 감상하며 드라이브를 만끽할 수
있는 아름다운 길'이라고 적혀 있다. 바로 옆 자투리 땅에는 보리가 자
라고 있어 섬의 운치를 더해주고 있다.

조도에는 오래전부터 농사를 지어온 농민들이 많았다. 하지만 매년
농민이 줄어들어 지금은 섬 인구의 약 20%만이 농업에 종사하고 있다.
1970년대까지는 맥주보리, 봄동, 콩, 고구마, 무, 대파 등을 주로 심었
다. 규모는 적지만 벼농사도 있었다.

조도 보리밭

제9장 농사짓는 섬 이야기

조도 쑥밭

도로를 달리다 보면 마늘, 대파, 보리 등을 심은 밭들을 드문드문 볼 수 있다. 논도 가끔 보인다. 아직까지 농사가 명맥을 유지하고 있다는 것이 고맙고 다행이다. 지금은 조도 농민들 상당수가 쑥을 재배하고 있다. 그래서 섬 어디를 가나 쑥밭을 볼 수 있다.

쑥은 일 년에 6번 정도 수확하는데 다른 작물보다 재배가 쉽고 수입도 좋다. 쑥 재배의 가장 힘든 일은 잡초 제거다. 조도 쑥은 전국 쑥 생산량의 약 40%를 차지하며 대부분 떡집으로 공급하고 있다. 조도 쑥은 해풍을 맞고 자라서 향이 짙고 베타카로틴과 미네랄이 풍부하며 식감이 부드러워 인기가 좋다.

쑥은 면역기능 향상에 도움이 되고 유해균 억제, 혈액순환, 소염 진통 효능이 있어 건강식품으로 주목받고 있다. 일반적으로 쑥은 도다리쑥

남편을 기증해도 되나요

국, 쑥전, 쑥떡, 쑥버무리 등으로 만들어 먹는다.

조도는 '한국의 하롱베이'라 할 만큼 풍경이 아름답다. 상조도에 있는 도리산 전망대에 오르면 사방이 탁 트인 다도해의 절경을 볼 수 있다. 대한민국에도 이렇게 아름다운 곳이 있구나 하고 놀라게 된다. 전망대까지는 차로 올라갈 수도 있다.

전망대 정상 못미처 오른쪽으로 내려가면 '바실홀 기념공원'이 나온다. 1817년 조도를 탐사한 영국의 함장 바실홀을 기념하기 위해 만든 공원이다. 바실홀은 조도 항해기에서 조도를 '세상의 극치, 지구의 극치'라고 극찬했다.

하조도에는 면사무소와 농협 등 기관들이 몰려 있다. 하조도 끄트머리에는 제법 운치 있는 등대가 있다. 등대 가는 길 왼쪽은 다도해의 멋진 풍광이 펼쳐지는 아름다운 숲길이다. 등대 입구에는 '진드기, 독사, 맷돼지가 출현하는 지역'이라는 경고 문구가 있는데, 맷돼지가 출현할 것 같지는 않다. 하조도등대 전시관이 있고, 정자를 지나 계단을 오르면 산행길로 접어든다. 산행길에서 바라보는 바다 풍경은 눈맛을 시원하게 해 준다.

몇 년 전 봄기운이 무르익은 4월, 조도를 방문했었다. 가는 도중 사전 연락이 된 선장과 선상 만남을 한 적이 있었다. 대화가 오고 가면서 선장의 어머니가 농업박물관에서 그림 전시를 했었다는 사실을 알게 되었다. 그의 어머니는 농촌에서 농부들의 일하는 모습이나 농촌풍경을 그리는 화가였는데, 토속적 화풍과 정감 있는 묘사로 꽤 유명한 화가였다. 세상에 인연 없는 만남은 없나 보다.

고구마와 감귤, 욕지도

●●● 내가 욕지도를 찾은 건 순전히 욕지도의 농사를 알고자 하는 의욕欲知때문이었다. 섬농사 전시를 준비하면서 욕지도 농사도 소개를 해야겠다는 생각을 했다. 언젠가 욕지도에 농사가 있다는 것을 어슴푸레 들었기 때문이다. 농가 두세 군데를 소개받아 욕지도로 향했다. 욕지도를 가기 위해서는 통영 삼덕항에서 배를 타야 하는데, 약 한 시간 정도 걸린다.

욕지도는 경남 통영시에서 남쪽으로 약 32km 떨어진 곳에 있는 섬이다. 섬 전체 면적은 14.5㎢이며, 대부분 산으로 이루어져 있다. 섬 중간에 해발 392m의 천왕봉이 솟아 있고 그 옆으로 대기봉과 약과봉이 연결돼 있다. 섬을 한 바퀴 도는 일주도로는 31km쯤 되는데 구불구불한 해안길을 돌다보면 언덕배기에 있는 비탈밭을 어렵잖게 볼 수 있다.

이 밭에는 주로 고구마가 심겨 있고 옥수수나 고추 등도 드문드문 볼

수확이 끝난 욕지도 고구마밭

수 있다. 욕지도를 대표하는 농산물은 고구마인데, 욕지 고구마는 건조하고 염분이 많은 황토밭에서 뜨거운 햇살과 맑은 해풍을 맞고 자라 육지 고구마보다 달고 맛이 좋다. 그래서 욕지 고구마는 안 먹어본 사람은 있어도 한 번만 먹어 본 사람은 없다고 한다. 즉 먹어본 사람은 그 맛을 잊지 못해 반드시 다시 찾는다는 것이다.

그래서 다른 고구마보다 비싸게 팔리고 있고 조기 품절되는 경우가 많다. 특히 고구마도넛은 욕지고구마와 다시마, 사과 등 몸에 좋은 천연 재료로 만들어 욕지도 최고의 명품으로 이름을 날리고 있다. 이 도넛은 다른 도넛에 비해 기름을 적게 흡수해 느끼하지 않고 담백하며 고구마와 사과 특유의 천연 단맛을 흡수해 달지 않고 섬유질이 많아 건강식품으로 인기가 좋다.

욕지도 감귤 농부 조광현 씨

감귤수확하는 욕지도 주민들

남편을 기증해도 되나요

욕지도에는 고구마 말고 감귤도 재배되고 있다. 욕지도 감귤은 소금기 머금은 강풍 등 섬지역 특유의 자연환경에서 자라 독특한 맛을 가지고 있다. 당도가 높고 새콤달콤한 맛이 강하다. 욕지도는 1960년대 우장춘 박사가 방문해 감귤재배가 가능한 섬으로 지정한 후 시험재배를 시작하여 1970년대에는 섬 전체 주민의 절반 정도인 500여 농가가 감귤재배를 할 정도로 성행하였다. 그러다가 한파로 묘목이 동사하고 1980년대는 과잉생산으로 가격이 폭락하면서 재배농가도 줄어들었다.

지금은 약 30여 농가가 감귤을 재배할 정도로 겨우 명맥을 유지하고 있다. 도동마을에서 50여년째 감귤농사를 재배하고 있는 조광현 씨는 2천여 평의 농장에서 매년 6톤 가량의 노지감귤을 생산하고 있다. 2018년 도동마을을 찾았을 때 그는 주민들과 감귤 수확작업을 하고 있었는데, 감귤재배에 대한 강한 자부심을 갖고 있었다. 아마 할아버지 때부터 계속 해온 가계家繼농업이라 그런 것 같았다.

감귤 농사 외에 '욕지72밴드'라는 동아리를 결성해 폐교된 원량초등학교 도덕분교에서 1972년도 졸업생 친구들과 드럼을 치며 즐거운 나날을 보내고 있다. 이 밖에 욕지도에는 땅두릅을 따고 흑염소를 사육하는 농가도 더러 있다.

섬이 다 그렇지만 욕지도도 어업으로 생계를 이어가는 섬이다. 주민들도 대부분 어업에 종사한다. 지금은 잡는 어업보다 기르는 어업 중심이다. 처음 고등어 양식으로 시작해서 지금은 돔, 우럭 등을 키우는 어민이 많다.

욕지도에는 유명한 관광지가 여러 군데 있다. 욕지도 최고의 비경은 삼여도다. 용왕 전설이 전해오는 삼여도는 해안가 절벽 아래에 있는데, 아찔한 기암괴석이 절경을 만들어내고 있다. 삼여도 너머에는 펠리칸을

닮은 펠리칸 바위가 있다. 새천년기념공원에서 바라보는 바다 풍경도
빼놓을 수 없다.

망대봉과 옥동 정상 사이로 연화도가 보이고, 그 옆으로는 매물도도
신기루같이 모습을 드러낸다. 욕지도의 관문 동항에 있는 '욕지도할매
바리스타'도 지나칠 수 없는 곳이다. 마을기업인 욕지도할매바리스타생
활협동조합에서 운영하는 이 카페는 할머니들이 서빙을 하는데, 생각보
다 매우 친절하고 분위기와 맛도 좋다.

남편을 기증해도 되나요

보통 욕지도 출렁다리라고 하는 제1출렁다리도 안 건너보면 후회할
터. 펠리컨 바위와 연결된 이 다리를 건너면 정작 펠리컨 모양의 바위는
볼 수 없다. 왜냐하면 밟고 있는 곳이 펠리칸 부리이기 때문이다. 여기
서 펼쳐지는 바다풍경은 정말 환상적이다.

　　문득 알고자 하는 의욕欲知이 생기거들랑 욕지도에 가서 고구마도넛
을 먹고, 할매바리스타에서 커피도 한잔 마시며, 출렁다리 건너 푸른 바
다를 보면서 온 시름 잊으리. 거기다가 욕지감귤도 먹으면 더욱 좋으리.

욕지도 펠리칸바위

제9장 농사짓는 섬 이야기

박물관장이 쓴 農박물지

남편을 기증해도 되나요

발행일 : 2021년 12월 24일

지은이 : 김재균

펴낸이 : 김태문

펴낸곳 : 도서출판 다락방

주 소 : 서울시 서대문구 북아현로 16길 7 세방그랜빌 2층

전 화 : 02) 312-2029

팩 스 : 02) 393-8399

홈페이지 : www.darakbang.co.kr

값 16,500원

ISBN 978-89-7858-101-1 03380